パパいや、めろん

男が子育てしてみつけた17の知恵

Papaya, Melon

Melon Uminekozawa

講談社

パパいや、めろん

男が子育てしてみつけた17の知恵

まえがき――終わりなきデスゲームを乗り切るために……4
「新しい家族像なんて幻想だ」――シェアハウスで子育てをした本音……16
「いつか子供が圧死する」――子供を抱いて通勤電車に乗っていた話……26
「今すぐやれ」――今すぐ子供にやらせるべき習い事……36
「なにもやりたくない」――無気力な子供に夢をもたせたい……47
「YouTubeは悪か」――子供に聞いたYouTube問題……54
「夫はエヴァンゲリオンである」――夫を自発的に動かすために……67
「理不尽すぎる」――漢字書き取りは必要なのか？……76
「家にいたくない」――子供と長期休暇……85
「月曜になるとお腹が痛い」――子供と月曜病……94
「トイレは男が掃除しろ」――家事レースで戦争をしないために……108

「自由は子供にまだ早い」——子供と自由研究について……118
「三国志を読ませろ」——最初に子供に受けさせるベストな教育……130
「離婚に至る4つの大罪」——離婚された男の話……138
「怒りを鎮めろ」——キレる子供のアンガーマネジメント……148
「公園はデジタル空間にある」——現代の子供たちの遊び場……156
「哲学的すぎる」——子供と言葉と物語……164
「これまでの人生はどうでしたか」——子供が語る子供としての人生……174

あとがき……194

教えて！　めろん先生——「パパいや」な彼らのトリセツ……195
子供のひとこと……35・75・93・129・155

まえがき
――終わりなきデスゲームを乗り切るために

ある朝、ぼくは胸に1歳児を抱いて東京名物の満員電車のなかにいた。

地下鉄の窓ガラスにうつるぼくの顔は、睡眠不足と薬のせいでむくんでいる。ぼさぼさ頭にサンダルに甚平《じんべい》姿。どう見てもカタギじゃない人間が子供を抱いている。通勤時間帯に存在してはならない存在だった。

迷惑を超えて困惑気味の顔をしたサラリーマンたち。

車内のドアに押し付けられながら、

「もしここで子供が圧死したら、誰の責任になるんだろう」

そんなことを、ぼんやり考えた。

地下鉄を降りて5分ほどの場所にある保育園に子供を預けると、すぐ家に帰って眠る。何も考えられない。明日も明後日も同じことを繰り返さなければならない。仕事はどうなっているのかもわからない。未来のことを考えたらどうにかなりそうで、必死に寝るこ

IKUMEN CAMP
JIGOKUNO ONE OPERATION CAMP
ガーッデム!! 寝てる場合か!!
ボス！ A班でロタ発症です
ああっ またウンチもれが…
すみやかにとりかえろ!!
がっくん

とに集中するが脳が疲れて眠れない。

震災がおきた2011年。シェアハウスで同居していた彼女とのあいだに、子供が生まれた。保活に戸惑い、なにもかもわからないまま自宅で面倒を見た1年目が終わり、翌年、パートナーが体調を崩した。別居してぼくがワンオペせざるをえない状況となり、ぎりぎりなんとか保育園に入れることができたものの、そこは区外の認証保育園だった。

子供を育ててわかったのは、東京で育児することの異常なほどの困難さだ。はっきり言って、罰ゲームを超えたデスゲームのレベルである。

そんなデスゲームを生き延びた数年後……。


「めろん先生。子育てエッセイやりましょう」

編集者さんにそう提案されたのは2017年のことだった。

「子育てエッセイですか……」

冒頭で書いたような地獄のワンオペも終わり、体調を崩していたパートナーも回復。住む場所も東京から九州になっていた。

今のぼくに、読者のためになる情報が提供できるだろうか。

「タイトル、考えたんです……『パパいや、めろん』」


パパいや、めろん……。


「やろうぜ!」

「えっ!?」

「タイトルいいからやります」

「そ、そうですか……」

意思が弱いぼくは、あっさりとやることにした。

……というのは半ば冗談だが、余裕がなく殺伐《さつばつ》としていたあの頃とはちがい、今なら育児に悩むお父さんお母さんたちのためになにか書けそうな気がしたのである。この本が、苦しい今を乗り切れるような一冊になればぼくとしても嬉しい。

そんなわけで、1秒でも早くあなたを苦しみから救うため、本題に入ろう。

男が出産前に買うべき三種の神器SSD

とにかくまずぼくが言っておきたいことは、もしあなたが出産前なら、いますぐに三種の神器SSDを買っておけ！　ということだ。

SSDとはなにか？

・洗濯乾燥機（SENTAKU KANSO KI）
・食器洗い機（SHOKKI ARAI KI）
・電動自転車（DENDO JITENSHA）

この3つである。

所帯じみていて申し訳ないが、マジでこれだけで戦力が違ってくる。

保育園にはいれようがはいれまいが、離婚しようがしまいが、日々の家事は必ずやるはめになる。これが軽減されるだけでもメンタルは非常に楽になる。

絶対買え。今すぐ買え。中古でいいから買え。死ぬぞ。

まあ死ぬは大げさにしても、これがあるとないでは家事の負担がまったくちがう。

まず洗濯乾燥機だが、子供が生まれると、これまでのように洗濯してから干すなどとまどろっこしいことはやっていられない。タオル消費が半端ない。片っ端から洗って乾燥機にかけよう。

つぎに食洗機。子供がいると食器をていねいに洗っているヒマはない。洗えるのは哺《ほ》乳《にゅう》瓶《びん》だけだと思っていい。食洗機なら高温洗浄でバイキンも殺せるので安心だ。

（注　ちなみに食洗機はヤフオクで安く買えるが、住宅によってはとりつけができない機種も多い。そんなときのために給水コンセントというものがあり、これはAmazonで1万円くらいで購入可能。ぼくは工務店に頼んで1万円で工事してもらったので、だいたい全部あわせて3万円くらいで食洗機を導入した。シンクに穴をあけるので大家さんに相談すべし）

最後に、大本命である電動自転車だが、これだけは死んでも買うべきだ。10万くらいするが、分割払いにしてでも買うべき。とくに子供が3歳くらいになると必須。ウチは近所が坂だらけだったので無茶苦茶重宝した。これがあれば2駅くらい先の保育園なら余裕でいける。

ちなみにぼくは、子供をのせて本郷あたりから銀座や新宿までよく移動していた。電動自転車は神の乗り物だ。電動自転車のCMのオファーが来たら一生無料でやるくらい感謝している。

このSSDだが、ガチで買えば30万円……中古でそろえても10万円くらいしてしまう。クソ貧乏なぼくには正直めっちゃきつかったので、4年くらいかけて順次導入していった。しかし、買うたびに「なぜもっと早く買わなかったのか……」と思ったので、これを読んでいる方々は最初から導入を検討してほしい。

あと日本はまずこのSSDを家庭に無料配付するところから始めていただきたい。保育園がつくれないんだったら、せめて日常が楽になるインフラを整えてほしい。

ついでにもう一つ、男子であるぼくから世の中の父親に言っておきたいことがある。

今日本に必要なのは徴兵制じゃない……徴父制だ！

男が出産前にゲットするべき三種の神器SSDのついでにもう一つ、言っておきたいこと。

それは、

男の育児は「とりあえずワンオペ」から

である。

もし育児にちょっとでも協力する気があるなら（ない場合は離婚訴訟で慰謝料を払う準備をしたほうがいいだろう）、まず子供と二人きりですごしてみてほしいということだ。

男性は女性に旅行に出かけてもらうとか実家に帰ってもらうとかして、ひとりで3日くらい子供の面倒をみてみると良い。会社員なら金曜夜から日曜まででもいい。とにかく完全なワンオペをしてみてほしい。

そうするとどうなるか。

気が狂いそうになるのである。

これはマジでヤバい。

子供の機嫌によってはおんぎゃあが止まらないときもあるし、ついでにゲロが止まらないときもある。おまけにこっちのスケジュールなどおかまいなしにすべてをぶち壊してくるうえに、会話も通じない。

モンスタークレーマーなど生易《なまやさ》しいものだ。壊れたおもちゃかと思うくらいしつこい。聖人かよほどの赤ちゃん好きでない限り耐えられない。どんな屈強な男でも8割は音《ね》を上げる（当方調べ）。

それでも感情のスイッチを切って育児機械になり、ミルクとおむつとだっこを繰り返す。それが男の育児だ。

適性とかそういうものではなく、やるしかないのである。母性とか父性とかそういうものはどうでもいい。人類には最初からそんなものはないと思ったほうが良い。

とにかくやれ。

体育会系の男がよく言うセリフなので、マッチョな男はきっとやれる。必ずやれる。とにかくやれ。

このような地獄のワンオペだが、3日だけでもやると産後の女性の苦労に共感できるようになる。

理解とかではなく「共感」であることが重要だ。

そう、頭で理解ではなく心で共感しなくては人は動かない。これはビジネスでも同じだ。世の中の大企業は、善きビジネスマンを増やすためにも男子のワンオペ育児を推奨すべきだろう。

この国にひとつの具体的政策を提案したい。それは徴兵制のかわりに徴父制をつくることである。

徴父制とはこのようなものだ。


女性が子供を生むと、父親はその赤ん坊とともに育休のはじめの1ヵ月ほどイクメンブートキャンプに送り込まれる。

教官は尾木ママとつるの剛士とだいすけお兄さんを足して全部引いてアメリカの海兵隊をくっつけたみたいなやつで、すぐ棍棒で殴る。

「寝るな！　クソが！　おまえは育児するための機械だ！　育児する顔をしてみろフニャチン！　泣くのか！　ここにはおっぱいはないぞ！　貴様らの存在は赤ん坊のクソ以下だ！　おまえらがクソをしていいのは赤ん坊のクソをとりかえた後だけだ！」

とか言われて、基本的に毎日そいつに殴られながら不眠不休で子育てする。

徴父制の数年後、この世代が上司になれば、育休のとられ方も、例えばこう変わる。

上司「きみ、子供が産まれたらしいな。育休はとるのか」
部下「いえ。育休とらずに働こうと思ってます」
上司「は？　ふざけるなよ。育休をとってイクメンブートキャンプに参加しろ。キャンプに参加してこそ一人前の本物の男だ」
部下「でも……」（えー行きたくねえなあ）
上司「いいから行け。あそこで男になれ」（おまえだけ楽させんぞ！　地獄を見せてやる！）
部下「妻が専業主婦なので……」
上司「F＊＊＊！　専業主婦などそんな都合の良いものはこの世界に存在しない！明日からおまえを子供と二人でベネズエラへ赴任させてやることもできるぞ！」
部下「わ、わかりました……育休とります」
上司「それでこそ男だ！」

こうしてイクメンブートキャンプで育児戦士が増えていくのである。

男社会独自のヒエラルキーと、謎のホモソーシャル感を逆手にとった政策である。

ともかくイクメンブートキャンプは過酷であればあるほど良い。なぜなら男はこういう経験をすると「俺たちも苦労したんだからおまえだけ楽させんぞ！」と思い、下の世代も必ず同じ地獄へ叩き落とそうとするからだ。

政府にはこの政策を本気で検討してほしいが……やはりこれはあくまで理想論である。

現実には政府は育児に関する大胆な政策はとらないだろうし、インフラ整備も遅々として進まない。育児をめぐる言説は炎上するし、ただでさえ大変な子育ては、シングルになるともっと過酷だし、どんなひどいパートナーであっても経済的な問題で離婚できないという不幸もあるだろう。

ぼくがひとつだけ言いたいのは、誰かのために誰かの人生が犠牲になる世界はおかしいということである。

子育てによって、誰かが犠牲になる世界は狂っているのだ。

「新しい家族像なんて幻想だ」
――シェアハウスで子育てをした本音

実際のシェアハウスは甘くない

シェアハウスに暮らして10年以上経つ――と言うと大抵の人が興味を示す。どうもテレビでやっていたオシャレな恋愛バラエティ番組のイメージを持っているらしい。

しかし実際のシェアハウスはそんな甘いものではない。

ぼくは2007年から今に至るまで、同じシェアハウスで暮らしている。いや、「いた」と言うべきか。今は1年のほとんどを九州で暮らし、シェアハウスにいるのは東京に滞在しているときだけだ。ぼくはかつて、そこで子供を育てていた。おまけに一時期はもうひと組家族がいて、全部で10人くらいの同居人がいた。

はじまりは12年ほど前、たまたま知り合いが一軒家を借りて、そこをシェアするというので入居者を募集していたのだ。ぼくはその頃、ほぼ全財産を投資で失い、ホームレス状態だった。知り合いのつてで大塚にあるシェアハウスに居候していたので、渡りに船とばかりにそこへ住み始めた。家賃は確か4万円しなかったと思う。

山の手にあるその家は、2階建ての大きな古い一軒家で、黒いグランドピアノが置かれたリビングと5つの部屋があり、それぞれに東京藝大《げいだい》の関係者が住んでいた。東京藝大は日本で唯一の国立芸術大学であり、天才と変人しかいないことで有名だが、当然ながらこの家も例外ではなかった。


最初のメンバーは確か、地下アイドル、名曲喫茶の店員、変態クレーマー、パンマニアの帰国子女、ホームレス小説家（ぼく）、という構成だった（各人の詳細を書くときりがないので省略する）。

ぼく以外は前にも一緒に住んでいたメンバーらしく、みんなわりと仲が良かったが、3年後にはそのほとんどが仕事の関係で引っ越して、初期メンバーはぼくと名曲喫茶だけになっていた。いや、元名曲喫茶か……彼女はその頃、名曲喫茶をやめてＳＭクラブのバイトを始めていたのだから。

その時期、うちに暮らしていたのは、ＳＭ嬢、暗黒舞踏家、デッサンモデルをやってる美少年とその彼女、身長１９０センチのピアニスト、タイから帰ってきた仙人、プリンスに似てる男、藝大卒の医学部を目指す浪人生……だったと思う（人が多いのでうろ覚えである）。

１階の大きな一部屋をカーテンで3つに区切ったり、一部屋に2人住んだり、そんな風にして9人が住んでいた。我々はみんなバラバラの個性だったが、この家に住む人間にはいつも共通点がひとつだけあった。

とにかく貧乏だったのである。

おそらく全員、年収１００万円以下だった。生きていくためには生活費を削るしかない。このシェアハウスはそれぞれの専有面積と人数によって家賃が計算される。つまり人が増えれば増えるほど安くなるのだ。

ついに「シェアハウス」に子供が！

そのうちＳＭ嬢と暗黒舞踏家は同じ部屋に暮らしはじめ、子供が生まれた。彼女は親との関係がそれほど良くないようで、暗黒舞踏家の実家にしばらく暮らしていたが、やはり落ち着かなかったらしく数ヵ月後にはシェアハウスに戻ってきた。

うわー！　ついにシェアハウスで子育てが始まるのか！　よーしみんなで協力だ！

……残念ながらそんなふうにはならなかった。

面白いとは思ったけれど、ぼくらは他人の子供に興味が持てなかった。ＳＭ嬢のほうも、積極的に他人に子育てを任せるということをしないタイプだったので、なんとなく「シェアハウスに新しい住人が増えたなあ」という程度の温度感だった。

ＳＭ嬢の部屋が１階のはなれだったせいか、赤ちゃんの泣き声が聞こえたという記憶もあまりない（生後半年くらいの子供が泣かないはずはないので、夜泣きをしていたはずなのだがまったく記憶にないのが不思議だ）。

子供がやってきて2ヵ月目くらいの時期だろうか。２０１１年の3月11日、あの地震が起きた。

うちは和風の古い家屋だったにもかかわらず被害はほとんどなかった。その日以降、東京ではコンビニから食料や水がなくなったり、だんだんと原発の危うい話が聞こえるようになった。ＳＭ嬢は子供への影響を気にして、食品を海外から輸入しはじめるなど、精神的にはりつめているように見えた。今考えると当然にも思える。ネットには連日連夜不安をあおるような情報ばかりが流れていたし、小さな子供を持つ親は正気ではいられなかっただろう。

そんな地震の混乱が終わらぬ2ヵ月後、ぼくとつきあっていた浪人生のあいだにも子供が生まれる。結果的にひとつのシェアハウスで2組の家族が生活することになった。このときのメンバーはＳＭ嬢と暗黒舞踏家＋子供、ぼくと浪人生＋子供、プリンス、デッサンモデルとその彼女の合計9人だったと思う。

ひとつのシェアハウスにこれだけの人間が住んでいるのは、今考えるとちょっと異常な気もするが、ウチは広い一軒家だったので、案外プライバシーは確保できていたし、それほど不便もなかった。ただ、ＳＭ嬢の部屋にはエアコンがなかったので、暑い日には、ぼくらの部屋に彼女たちが涼みにくることがあった。

そんなある日、事件が起きた。

初夏の夜、ぼくと浪人生が家をあけることがあったので、ＳＭ嬢と暗黒舞踏家に子供を任せてでかけた。

シェアハウスだからいつでも子供を任せられるだろう、というのは安易な考えだ。むしろ同居人だから距離感を見失うこともある。実のところぼくは最初の頃に、何の考えもなしに彼女たちに子供を預けすぎて、「自分の子供は自分で面倒を見ろ！」と一度キレられていた。それでもなお預けざるを得ない状況もある。

仕事を終え、急いで家に帰ってみて驚いた。ぼくの部屋のカラーボックスが倒れ、物があたりに散乱してめちゃくちゃになっている。まるで空き巣が入ったあとのようだった。まさか子供になにかあったのかと思い、背筋が冷たくなったが、部屋の真ん中で暗黒舞踏家が子供２人を抱いて携帯をいじっているのを見て安堵した。それはそうと、よく見ると隅っこにＳＭ嬢が倒れているではないか。

「え……これどうしたの？」

とぼくが聞くと、暗黒舞踏家はしょんぼりした声で言った。

「わからない。いきなり暴れだして、気絶した」

「いつこうなったの？」

「1時間くらい前かな」

暗黒舞踏家はあいかわらず子供を抱いて携帯をいじっていた。

ぼくはなんとなくわかった。いつものアレだ。SM嬢はメンタルが不安定で、たまに感情が爆発して倒れてしまう。この家に住み始めてから何度かその光景を見たことがある。特に地震以降はストレスもあって、そういう傾向が強くなっていた。今回もそれが出たのだろう。

SM嬢をゆすって声をかけるが目を覚ます気配はない。息はしているので、寝ているだけのようにも見えた。

「俺に仕事しろってことだと思うんだよね」

携帯でゲームらしきものをしながら、暗黒舞踏家が反省するように言った。彼はここのところ無職でずっと家にいたのだ。ぼくは「まあ、そうかもなあ……」と曖昧《あいまい》な答えを返してとりあえず救急車を呼んだ。

シェアハウスの現実

翌日、彼女は家に戻ってきたが、それから黙ったまま寝たきりの生活が続いた。子供の授乳は大丈夫かと思ったが、お腹が空くと赤ん坊は勝手におっぱいを貪《むさぼ》っていた。逞《たくま》しい。

1週間くらいそれが続いたあと、彼女は元気になったが、「なにがあったん?」と聞いても「覚えてないんだよね」と首を傾げるばかりで原因はついぞわからなかった。結果的に暗黒舞踏家はバイトを始めたのでいい刺激にはなったのだが、彼女の根本的な不安は拭えなかったようで、半年後くらいに家族でドイツへと移住した。一緒に行こうと誘われたけれど、さすがにそれはしなかった。

それからもぼくらはシェアハウスで子供を育てた。いろいろあって、ぼくがひとりで育てる時期もあったのだけれど、結局あれ以来、シェアハウスのなかで誰かに面倒を見てもらうということはなかったように思える。あのとき、SM嬢が倒れたのは働かない夫とともに、ぼくが子供を預けたストレスもあったのだろう。

シェアハウスは甘くない。決してみんなが和気あいあいと助け合えるユートピアなんかではない。貧困のせいでそこで生活せざるを得ないだけだ。見知らぬ人間が集まり、ぼくらはいつしか疑似家族めいた関係になった気がしていた。けれど子供ができてわかったのは、それはいつでも離脱できる気楽な関係の上に構築された幻だったということだ。それはあたらしい家族の形、ではなく、少し変わった友人関係でしかなかった。

数年前に、どこかの政治家が言っていたことを思い出す。

「若者をみんなシェアハウスに住ませれば、住宅問題も、コミュニティの問題も、少子化も解決する」

確かに理屈ではそうなる。家賃は安いし、人とのつながりはできる、距離が近いと恋愛関係も生まれやすい。ぼくらはまさにそれを実現していた。でも現実のそれは、政治家が思うような理想の場所ではない。もう一度言うが、ぼくらは貧困ゆえにそうせざるを得なかっただけだ。もちろんすべてのシェアハウスがそうではないだろう。だが、少なくともぼくらはそうだった。その証拠に、みんな例外なく経済的に安定すると引っ越していった。

今も、たまの長い休みに子供をつれて東京のシェアハウスに行くこともあるけれど、子供は昔のことを覚えていないという。なのに彼は、近所の中華料理屋のお兄さんや、隣のマンションの管理人さんとぼくより話をしている。人見知りをあまりしない性格は、シェアハウスに育ったおかげかも知れない。

シェアハウスに残っている最初のメンバーは、ぼくだけになった。住む人が変わっても、ぼくはまだこのシェアハウスを続けていく。

たいした理由はない。ただ、安くて便利な場所だから——それだけのことだ。

シェアハウスには希望も絶望もなく、ほんの少し変わった日常だけがある。

追記

今もぼくはこのシェアハウスを維持している。メンバーはまた入れ替わり、20代の人が増えた。ここまで長い間暮らしていると、もはやライフワークである。どこかでこのシェアハウスの歴史を記すべきかも知れない……。

「いつか子供が圧死する」——子供を抱いて通勤電車に乗っていた話

出産翌年のパートナーとの別居

ぼくがワンオペをしていた頃の話をしよう。

正直、あの時期のことはほとんど記憶にないのだが、掘り起こしてみたい。

前述したように、シェアハウスで一緒に暮らすなかで、メンバーが何人もいれかわり、そのなかで仲良くなったのが今のパートナーである通称メシジマ先生であるが、出産の翌年に体調を崩し彼女は別宅で療養することになった（医学部浪人で朝から晩まで勉強し続け、さらに子育てという重圧が祟《たた》った）。

結果的にぼくがシェアハウスに残ってワンオペすることとなった。

おわりが見えない育児だけど
まずは3年!
3年めざしてなんとかのりきって
遠い… 遠いけど たしかに 出口は見える…

なにが大変かというと――

ワンオペのなにが大変かというと……すべてだ。

まず食事面。子供はまだ1歳半くらいだったので、ミルクを飲ませることになる。うちの子供はミルクが嫌いではなかったのでマシだったが、たまに飲んでくれず徹夜作業になることもあった（育児あるある）。

家事については、普段は食事はぼくがつくっていたが、面倒になって、そのうちコンビニ食メインになっていった。

それはともかく、大変だったのが生活リズムである。

子供が夜起きたり寝なかったり、夜泣きを繰り返したりすると、本気で綱渡り状態になる。睡眠不足が続き、必然的にメンタルがささくれだってきてこちらの機嫌も悪くなる。

気分転換に外に出たいが、小さな子を家に残すわけにもいかず、爆音で90年代ロックを聴いてヘッドバンギングしたり、こっちも赤ちゃんのふりをして泣き叫んだりすることで正気を保っていた（ぜんぜん正気ではない気もする）。

あるいは抱っこひもで子供をかかえて近所をジョギングしていた。子供も楽しそうだし、体力作りになるのでこれは良かった。

子供をつれて外にいると老人や変な人に文句を言われるという話を聞いたことがあるが、ぼくの場合、ほとんどそういう経験はない。やはり男親だったせいだろうか？ 外出するとき嫌な目に遭うリスクを下げるには、父親が子供を抱けば良いのかも知れない。

3時間も寝ると朝。保育園の時間である。

しかしここでも問題があった。

赤ちゃんと満員電車に乗る恐怖

子供を認可保育園等に入れるために、保護者が行う活動――保活。我が家はこれでも苦労した。「保育園落ちた日本死ね!!!」という匿名ブログが2016年2月に話題になったが、本当に保育園に入れるのは大変なのだ。

うちは4月に認可保育園に入れず、あわてて区内の認証保育園（値段がけっこう高いので区によって額は違うが補助金をくれる）を探したものの、家の近くでは全滅。結果的に新宿区の認証保育園へ通っていた。つまり、子供をかかえて地下鉄に乗って朝から新宿へ行っていたのである。

サラリーマンか！

満員電車で定時出勤するなら死んだほうがマシだと思って作家になったのに、なぜこんなことに……。

乳児連れの満員電車はマジで危ないので、各鉄道会社はすぐに赤ちゃんスペースをつくるべき。事故が起きる前にはやく！

保育園に預けたあとは、睡眠である。寝ないと死ぬ。ところが子供はよく熱を出すので、昼に呼び出されて寝られないこともあった。帰るのが面倒でマクドナルドで寝ていたら店員さんに「大丈夫ですか？」と声をかけられた覚えもある（ここだけ聞くと映画『天気の子』みたいで青春みがあるが、よほどヤバい顔をしていたのだろう）。

最初の頃はこの生活のなかで「小説を……書かなくては……もうだめだ！　作家としてもう終わりだ！　はやくやらないと！　うあああああこんなことをしている場合じゃないんだよおおお！」と焦燥感で壁に頭を打ち付け、血まみれになることもあったが、そのうちあきらめた。

「あ、この状態つづけてたら子供か俺が死ぬな」

と思ったからである。

もういい、なんとかなるだろう。仕事なんてあとまわしだ。人命優先。あと数年……ここを生き延びればなんとかなる。お金がなくなったら誰かに借りてやる！　もう未来のことなど考えない！　俺は野生動物だ！　猫だ！

そんなふうに今日を生きることだけを目標にした瞬間、ちょっと楽になった。野生強い。

以上のような状態が半年続いた。

ワンオペをおそれるな

これを読んで、

「やっぱりそうか……子供をひとりで育てるなんてぜったいに無理だ……どうしよう」

と思っているシングルマザー、ファザー予備軍がいるかも知れない。

だが、安心してほしい。

ぼくも、「ずっとこうだったらどうしよう……」と思い、なんとかこの状況が続いても生きられる方法を調べた。

そうすると、意外にも半端な状態より、いっそシングルのほうが楽な部分もあると気づいた。

まずシングルになって役所に申請すると、児童扶養手当（約4万2000円）、児童育成手当（約1万3500円）、住宅手当（ぼくのいた地域では約5000円）、これらが毎月支給される。さらに児童手当1万5000円はシングル以外でも年3回支給されるので、ぜんぶ合わせれば月6万円を超える。ワンルームに引っ越せばギリ家賃はなんとかなる（自治体によっては引っ越し費用補助もある）。

認可保育園はシングルだとかなり入園の優先度が高くなるし、収入が低いと月1万円くらいしかかからない。医療費はそもそも子供はかなりの額が免除されるのでそこも問題ない（なんらかの障害を持たれているお子さんには月3万5000円から5万円ほどの支援や、ほかにも制度があるので調べてみてほしい）。

生きるだけならあとは食費とオムツとミルク代を稼げばいい。幸いぼくは常に貧乏なうえに、酒から煙草《たばこ》、珈琲《コーヒー》にいたるまで嗜好品《しこう》は体質的に受け付けず、趣味も読書とゲームくらいなので、普段からだいたい月10万円くらいで生きていた。

つまり、理論的にはフリーの仕事で月4万円ちょい稼げば生きられるのである。月に4万なら、普通の人でもネットや人脈を駆使してなんとか稼げる額だ。

なんだ、けっこうイケるじゃん！　俺はなにがなんでも生きていくぞ！　死なない！この東京を生きてやる！　くだらない正論やお為ごかしを口にするお上品なブルジョワジーは無視して、子供のためになりふりかまわず人に迷惑をかけて生きていってやる！

……とまあそんな具合にひらきなおって、図太いメンタルで生きていけばなんとかなるので安心して欲しい。実際そういう気分になったのでなんとかこの時期を生き抜けた。

いや、月6万円で生活なんてできない

今考えると、シングルになっても月6万円程度の支援しかないこの国は、狂っているとしか思えない。どう考えても人間的な生活ができる額ではない。せめて空き家をなんとか

して、住むところくらいは無料にするべきだ。こんな状況で子供を産もうなんて、誰も思うわけがない。

それはともかく、思い返せばあの時期にぼくが一番つらかったのは、終わりが見えないことだった。

人は期限のない苦労に直面すると無限の苦しみを想像してしまう。だがしかし、子供は3歳くらいになるとしゃべり始めて人間になる。こうなると精神的にかなり楽である。さらに6歳になると小学校が始まる。小学生になると自分で学校に行くのだ！　あの、なにひとつ自分でできなかった生き物がだ！

だからいま大変なあなたは、まずは3年、次の3年という気分で乗り切ってほしい。なんとかなる！

追記

ちなみに、これを書いている今、うちの子供は8歳だが、こうなるともはや一人前である。あの苦労はなんだったんだ……と思えるほどなにもかもがちがう。

子供のひとこと　2歳

父：きみはどこから生まれたの？

子：たまごから。ケチャップの森でうまれた

父：その、たまごとケチャップの森はどこから生まれたの？

子：（世界）ぜんぶ。みんないっしょにうまれた

＼セカイ系／

「今すぐやれ」

――今すぐ子供にやらせるべき習い事

子供が3歳の頃、ぼくは焦っていた。

一刻も早くやらせなくてはいけない！　今すぐにでも！　今日にでも！　とにかくやらせなくては始まらない！　なにを⁉　決まっている。

「習い事」である。

育児のことがわからずひたすらマニュアルを読み漁っていたぼくは、「習い事は3歳から！」とか「絶対音感をつけたいなら早めに！」「英語のネイティヴ発音は子供の頃にしか身につきません！」とかいう言葉を鵜呑《うの》みにして、とにかく「早く習い事させないと手遅れになる！」という焦りを感じていた。

勉強だけではこの格差社会を生き抜けない。芸は身を助ける。世界にひとつだけのオンリーワンな才能を開花させるためにスキルを与えねば。我が子に眠った天才性を開花させてこの腐った世界を革命するイノベイターに育てあげなくてはならない。そのためには今

しっ！
耳をすましてごらん…
ポロ
ポン
ピン
ちょっとあの子が描いた絵を見て！
この色彩…線…ギフト？
なんだか…リズムにアフリカの血を感じる…

すぐに「習い事」だ！

……というわけで、今回はみなさんも大好きであろう、夢と希望に満ちた「習い事」について、夢も希望もない話をしてみたい。夢と希望を求める人はいますぐディズニーランドかジャニーズコンサートにでも行ってください。

希望は人を狂わせる

3歳といえばそろそろ子供に人格らしきものが備わり、

「あれ？　この積木《つみき》アートっぽくない？」

「なんだか打楽器のリズムにアフリカの血を感じる」

「この絵！　色彩！　大人には描けない線……ギフト？」

「電車の名前をこんなに覚えるなんて神」

と、いろいろと親が勘違いし始める頃である。とくに何の才能も発揮していなくとも

「きっとまだ才能が眠っているに違いない！」

とむしろ希望を持ってしまう。

もちろんぼくは常に冷静なのでそこまで親馬鹿ではない。

「とりあえずこの子になにか天才的才能があったら早めに伸ばさないといけないので、まずはあらゆることをやらせてみて才能の片鱗《へんりん》を確認しておかなくてはならない」

と冷静に考え、手当たり次第に体験教室に行ってみた。「習い事ガチャ」を回し始めたのである。

囲碁、ピアノ、ヒッポ（多言語）、英会話、水泳、サッカー……オリンピックを目指すならレアなものがいいのではないかと考え、フェンシング教室にも問い合わせた（年齢的に無理だった）。そこではっと正気にかえった。「習い事」が途中で「オリンピック」になっている！　怖い。

そう、「希望」は人を狂わせる。あわよくば……もしかしたら……人は可能性について考え始めると冷静さを失う。希望や欲望や課金ガチャに弱い人間たち。そんな人間を私は愛しています。

ともかく、いろいろな体験教室に行った結果わかったことは、ドラマやマンガみたいに初めて触れたピアノなのになぜか超絶弾けてしまうとか、初めて触れた碁石なのになぜか先生に勝ってしまうとか、初めての英会話なのに（以下略）……なんてことはありえないという事実だった。

そりゃそうである。そもそもそういう天才像は間違っているのだ。

ぼくは職業柄、世間で天才と言われている人に会うことが多いが、彼らのほとんどは努力型だ。「最初から全部いきなりできました！」という神童はむしろドロップアウトしてしまう人間のほうに多い。

というわけで、奇跡は起きなかったので、ウチは3歳から公文式に行ってもらった。科目は算数。理由は一番汎用性《はんようせい》が高くていつでもどこでも使えそうな能力だからである。他の学習塾でも良かったのだが、3歳から対応しているところがなかった。

ガチャを回すことに疲れたのでスタンダード課金だ。

行ってわかったのだが、確かに習い事は3歳くらいからやったほうがいい。

なぜならそのくらいの年齢だと、親が「それが常識だよ」という顔をしていればあまり疑問を持たずにやってくれるのだ。

案外うちの子供は真面目なので、毎日の宿題も家で寝る前にやっていた。

しかし、3ヵ月後には公文もやめていた。

理由は忘れた……。

なんとなく面倒になったからだと思う（ぼくが）。

そうなのだ。「習い事」とはつまり親の問題でもあるのだ。親がちゃんと月謝を払い、情熱を持って子供を送り迎えし、家でも宿題をやらせる。そうじゃないと続かない。当たり前である。ＮＯ情熱、ＮＯ習い事。

その後、心機一転、４歳くらいから「東大生が最もやっていた習い事」と聞き、あらためて「水泳」を始め、５歳のときにクロールができたところで本人希望でこれまたやめた。

結局、８歳の今、習い事は「サッカー」と「塾」のふたつである。

個人的にはサッカーのことはよくわからないので、できれば音楽とか芸術方面の習い事をやってほしかったのだが、本人があまり興味を持っていないので無理強いしなかった。

なんとなくヌルいところに軟着陸した感があるが、果たしてこれで良いのか……。

「習い事」に関して、ぼくは最初からずっともやもやしたものを抱えている。

というのも、考えてみればそもそも「習い事が人生に役立って良かった！」という人にほとんど会ったことがないのである。

かく言うぼく自身もそうだ。

ぼくは小学生の頃、空手をやらされていた。たしか小学校低学年から3年くらいやっていた気がする。

気がする……というのはほとんどそれについての記憶がないからだ。

一緒に行っていたMくんとは別にそれほど仲がよいわけではなかったし、むしろいじめられていた。練習は型ばっかりで無意味に厳しく、昇段試験などもほとんど受けず白帯で終わった。今、そのとき身についたものは皆無である。

中学からは塾に行っていたが、それについてもたいして記憶がない。とにかく嫌で、授業中に騒いで怒られたとか、サボってゲーセンに行ってたとか、そういった思い出しかない。そのときに覚えたことは、これまたほぼゼロだ。

だいたい、子供の頃に水泳やピアノやサッカーをやって、その道のプロになる人間なんて1000人に1人くらいの割合ではなかろうか。そんな習い事エリートたちは一体何を考えているのだろう。聞いてみたいものである。

ますよ……そういえばうちのパートナーは3歳から田舎でピアノをやらされ、東京藝大を卒業している。

つまり習い事が役立った例と言えるのではないか？　なんだ。案外身近にいたな。

というわけで習い事エリートの「メシジマ先生(36)」に聞いてみた。

——うちの子供にピアノをやってほしいなあと思うのですが、どうでしょう。

「本人のやる気がないなら無駄。本人がちょっとでも興味あって、親も本気でピアノやらせたいなら今すぐやらせたほうがいい。泣いても叫んでも管理して毎日練習。あとは運」

——こないだテレビで「おまえはピアノをやらないと路頭に迷う」と親に脅《おど》されていた、と清塚信也が言ってました。ピアニストは過酷ですね。習い事はなにをどうすればいいと思いますか。

「遊びなら家でやればいい。本気でやるならとにかく泣いても叫んでも続ける。それだけよ」

——過去に何か嫌なことでもあったのですか。

「習い事なんて嫌に決まってるじゃん。最初は自分がやりたいって言ったらしいけどね。1年後にはもうそんなの忘れてるから」

途中から半ば親に強制的にやらされていた彼女は、今ではまったくピアノを弾かないどころか音楽も聴かない。大学を出たあと「私に必要なのは芸術ではなかった」と気づき、すべてを捨てて医学部受験という悪魔の道を進み始めてしまったのである。ゼロというかマイナスからのスタート&塾講師のバイトをしながら冷えたカップ麺を2回に分けて食べるような極貧生活を9年つづけてなんとか合格。現在は国立大の現役医学部生だ。

「子供の頃からピアノじゃなくて塾に行ってれば良かった。学力さえあれば9年も浪人しなくて良かったんだよ」

出た。これぞ習い事の罪。適性を間違えたパターンである。

が……しかし。

「でもねえ。ピアノの経験があったから9年やれたのも事実なんだよね」

普通、医学部受験で9年は浪人しない。やっても5年までだ。下手すれば人生が終わるレベルである。それを乗り越えられたのは3歳から続けたピアノを思い出したからだという。確かにピアノをやっていた20年からすると浪人期間の9年は短いが……それにしても狂気を感じる。

どうやら結論が出たようだ。

・親が自己実現のためにおしつける「習い事」になってないかチェックすべき。
・将来「ぜんぜん適性違ってた！」というのはお互いにとって不幸である。
・必死に取り組んで培った精神力は、他ジャンルで役立つことがある。
・子供が自発的にやりたいというのなら全力でバックアップしよう。

本気の「習い事」とは、「精神力習得のための試練」なのだ。楽しい習い事もあるだろうが、それはあらゆる適性がマッチングした稀有な例である。半端にやると、ぼくのように何一つ身につかないで終わる。本気で習い事をやるなら覚悟しなくてはならない。そこには夢も希望もない。

いつまでも習い事ガチャを回している場合ではない、本気なら誰になんと言われようとも断固たる決断力と行動力で今すぐ子供とともにレッスンを開始すべきだろう。誰に何を言われようともあなたの本気を見せるのだ。

いずれにせよ、習い事で身につけるべきは「狂気」なのだ。

追記

ちなみにウチは（これまでの結果を見返してみても）習い事になんの希望も持っていない。

「なにもやりたくない」
——無気力な子供に夢をもたせたい

ある日のことだ。

そろそろ子供に定番のアレを聞いてみるかな、と思いついた。親御さんたちならみんな心当たりがあるだろう。


大きくなったらどんな仕事がしたい？


これだ。「生まれてくる前のこと覚えてる？」というのも定番であるが、そっちは以前聞いたら要領を得ない答えが返ってきたので、今回は現実的な問いかけだ。

この問いの返答によって実はいろいろなことがわかる。子供の成長度合い、今好きなことなどなど。子供の夢などすぐに変わってしまうものだが、とりあえずの指針にはなる。

そう思い、当時3歳だった息子に、

「お忙しいところすいません。大きくなったらどんな仕事がしたいですか？」

と聞いてみたところ、

「べんきょうもしごともなにもしたくない」

と即答された。

なるほど。そう来たか。

ＯＫ、予想してなかったわけではない。

勉強も仕事もなにもしたくないというのは人間としてまっとうである。勉強や仕事をがむしゃらにやって何者かにならなくてはいけない社会よりも、なにもしなくても生きられて認められる社会のほうが良いに決まっているではないか。

べんきょうもしごともなにもしたくない。

真理だ。

「仮面ライダー」たちの無職率

感心していると、「まあ、でもなー」と、彼はこう続けた。

「おかねをもらわないといきていけないからなー」

えっ、いきなり現実的っすね……まあそうなんですけど……。じゃあなんか仕事する？

「まあ、やるとしたら、ライダーかな」

あ、まずい。

実にまずい流れである。子供が「ライダー」と言えば、当然ながら仮面ライダーだが、ここにはよく知られた問題が存在する。

「仮面ライダーの無職率高すぎ問題」である。

ネットを調べてみると、同じような興味を抱いている人は多いらしく、「仮面ライダーの職業問題」のまとめ記事は多く出ている。それらの記事によると、全ライダーを合わせた無職率は35％。学生も含めると57・5％もの高無職率を誇るのだ（ちょうどこの頃子供がハマっていたライダーは「仮面ライダー鎧武《ガイム》」、主人公は無職）。

変身して悪と戦うのはいい。だが、それ以外のときはなにをやってるのかよくわからない奴が多すぎる。

もちろん無職だからといってダメ人間とは限らない。かく言うぼくだってほぼ小説を書いてないときのほうが多いので、プロの無職みたいなものである。過去にサラリーマンもやっていたが、とにかく合わなかった。それに比べて無職はしっくり来る。無職は最高である。

ただし、お金がある限り。

そう、大人になって気づいたのだが、無職でのほほんと暮らしてるやつはだいたい実家が太い。結局そういうことなのだ。クソが！

プロの無職

ぼくの年収はヤバい。よく生きてるなと思うレベルでヤバい。40を越えてから「あ、このままだと人生詰むわ」と、本気で思ったことが何回もあった。ある夜、人生設計の計算をしていると、あと3年くらいで確実に破綻《はたん》することが判明し、午前3時くらいに部屋で奇声を発して暴れ、パートナーを起こして「もうだめだ！　今死ぬしかない！」と叫んだことがある（そのとき、彼女は「そうか」と言ってまた寝たので怒りのあまりマンションのベランダから飛び降りそうになった）。

そんなことがあって以来、将来のことは考えないようにした。「原始人みたいに今この瞬間だけを生きていこう」と心に誓って生きている。10以上の数はあまり数えたくない。

まったく他人にはおすすめできない人生なのである。

そんなわけで、子供にはできれば外資系企業のファンドマネージャーとかになってもらえるとありがたい。

ライダーはまずいのである。

世の中のことがわかってない子供は、一過性とはいえフィクションの影響を受けやすい。巧妙に意識改革をするためにはどうすればいいのか——これは全国の親の悩みだろう。

ぼくはこんなふうに解決した。

「ライダーか……じゃあもう一つくらい仕事すれば？」

「なんで？」

「ライダーはライダーだけやっているように見えるけど実はみんな医者か弁護士なんだよ。二つの顔を持っているんだ。すごいだろ。かっこいいだろ」

完璧である。

子供の夢を壊さず、なおかつ現実的な職業に誘導する。

しかし彼はいまいち納得しなかった。

「えーでもライダーだけやる」

でた、反抗期。

「でもほら、ライダーだけだとけがしたときつぶしきかないじゃん。ライダーって危ないじゃん。医者だったらけがも治せるし」

自分で言っておいてなんだが、そんな小賢《こざか》しい損得勘定しているヒーローは嫌だな。

「うーん、そうしよっかな」

「それがいいよ！」

「ライダーごっこしようよ」

でた、子供特有の思いつき。

「よし、じゃあ何ライダーになる？」

子供は立ち上がってうれしそうに叫んだ。

「おれは……おれは！　けいひんとうほくせんだ！　くらえ！　マックスバリュ——！」

京浜東北線。もはやライダーですらなかった。技名からすると、イオングループが協賛しているようだ。

今までの話はなんだったのか。敷かれたレールの上を走り、大企業の力で生きる。そんな人生でいいのか。いや、いいのか……。

結局は世の中、安定が一番ということを象徴しているようでなんだか複雑な気分になった。

追記
このように数年悩んでいるあいだに、ライダーはどんどん世代交代していき、研修医ライダー「仮面ライダーエグゼイド」、物理学者ライダー「仮面ライダービルド」と、歴代ライダー屈指の高偏差値が続いた。さらにそのあとの「仮面ライダーゼロワン」ではＡＩ企業の社長……。
間違いない。これは各家庭における「ライダー無職問題」に対応したのだ。

「ＹｏｕＴｕｂｅは悪か」
――子供に聞いたＹｏｕＴｕｂｅ問題

ある日のことだ。

ぼくは、Ａｍａｚｏｎプライムでガンダムビルドファイターズトライの22話ばかりを延々と見ているウチの子（幼稚園児）にタブレットを渡してキレ気味に言った。

「ガンダムはもういいからＹｏｕＴｕｂｅを見たまえ！」

朝起きたらまずガンダム、そしてガンダム……ガンダム……うあああ！　このガンダムループから抜け出したい！

最初は「えーなにそれ」と言っていた子供であったが、「ほらこのゲーム実況とかヒカキンとか、おもしろいものがいっぱいあるよ」と、なだめて無理矢理見せた。

それから1年。小学生になった今、うちの子供はひたすらゲーム実況ばかりを見るゲーム実況ジャンキーだ。お気に入りＹｏｕＴｕｂｅｒは「だいだら」。たまに「はい、だいだらでーす。今日はーこのゲームをやりまーす」とものまねで実況してくれることもあ

たのむ！ゲームしてくれ！
ぐいっ
……

る。

果たしてこれで良かったのだろうか……？

子供にゲーム実況を見せる3つの理由

スマホ子育てがスタンダードになった現代。

本当はYouTubeをあまり子供に見せたくないという親が多いようだ。

しかし、ぼくは逆だ。

見せたほうがいい。

確かにYouTubeはテレビと比べて検閲が甘く、子供には不適切な動画や質が低いものも多い。それでもやはり見せたほうがいいと思う。

なぜならこれはかつての「マンガ」や「TVゲーム」や「アニメ」と同じものだからだ。

当時は批判にさらされたが、振り返ると結局それはちゃんとした文化になっているし、世代の共通体験として語り継がれる。

今の子供にとってのＹｏｕＴｕｂｅは間違いなくそうした文化のひとつだ。だからとことんやったほうがいいし、それをきっかけにして出会う友達のほうが重要だったりする。

親は気づかないけど、共通の話題でコミュニケーションコストが節約されるのは、子供にとっては本当に大切だ。

どうせ放っておいても学校でそういう知識を仕入れてくる。ならば先に体験させておいても問題はない。

ちなみにガンダムは今やおっさんのコンテンツなので、逆に子供の世界で浮く可能性がある（子供に聞いてみると、クラスでガンダムを見ている同級生は皆無）。

というわけで、うちの場合、６歳の頃にヒカキンの動画を見せたら案の定めっちゃハマってその後、夜までずっとヒカキンのＹｏｕＴｕｂｅを見続け、ゲーム実況にたどり着いていた。

ゲーム実況というのは市販のゲームを実況つきでプレイする動画なのだが、子供にとっては近所のおもしろいお兄さんと一緒に大人っぽいゲームをやっている体験そのものだからそりゃあ楽しい。

ヒカキンは、字が読めない幼児のために、リアクション付きで台詞《せりふ》を読んでくれるし、バトルものをプレイしているときでもあまり暴力的な言葉を使わない。

実況全体についてすごいなと思うのは、ハードもソフトも持ってなくてもゲームをやった気になれることだ。

つまり昔のように高いゲーム機を持っている金持ちの家に行かなくても、全員が同じ話題で盛り上がれる。

考えてみるとゲーム実況には、少なくとも3つのメリットがある。

1　子供にとってコミュニケーションの道具になる
2　感情とリアクションの勉強になる
3　文化資本の格差をある程度埋めてくれる

デメリットとしては自分でゲームをプレイしない受動的な人間になりそうなことだろうか（もしかするとこれが一番嫌なことかも）。

しかし、もっと小さな幼児――0〜4歳くらいの幼児期の子にとっても、同じようにYouTubeは良いといえるのだろうか?

虚無動画で子供がバカになる?

子供がYouTubeを見すぎている――少し前にそんなブログのエントリが話題になった。

幼児がYouTubeで「虚無動画」を見るのがストレスです、という主旨だ。ここで言う虚無動画というのは、自動車が延々クラッシュするとか、アルファベットが踏切を流れていくとかいう、ストーリーのない、単純な繰り返し動画のことを指している。

現代の親の多くが直面している問題だが、動画自体の質が低くてストレスだという他にも、ここには以下のような不安があると思う。

・不適切な動画を見て影響を受けてしまうのではないかという不安
・自己管理ができない子供になってしまうのではないかという不安

ぼくも同じようにこの問題に直面した。

0〜4歳くらいの幼児期に限って言えば、ウチではタブレットなど動画はハードごと封印し、さらにテレビを見るにしてもルールを決めた。

とは言え、2歳や3歳の幼児に理屈が通じるわけがないので一計を案じた。

ある日、いつも見ているテレビのリモコンの電池を抜いて、電源が入らないようにしておき、「てれびつかないな」と、リモコンと格闘している子供にこう言った。

「あ！　そういえば……今日からそのテレビは仕組みがかわったらしいぞ。ほら、ここ。このブタの貯金箱にコインを入れるとテレビがつくようになったらしい」

（すかさずリモコンに電池を入れつつ、実際にコインを入れてスイッチオン）

「ほら、ついただろ!?　というわけで今日からコインがないとこのテレビが見られない。OK？　ちなみに1コインで1時間な」

2〜3歳くらいだと、このくらいヘボい演技でも信じる（嘘だとわかっているのかもしれないが、とにかくルールがあるということは理解する）。

幼児は数字や時間などといった見えない抽象的なことがわからない。だからとにかく

「見える化」したほうが理解しやすい。数を提示したいのならモノをその数用意するべきだし、時計を使いたいなら砂時計を使うべきだ。このときは１００円ショップで買ったポケット付きカレンダーに、金色のコインを31個セットしておいた。

「いっぱい見たいなら全部つかってもいいけど、使うと明日見られなくなるぞ。じゃあ今日はどうする？」

と聞くと、うちの子供はしばし考えて、言った。

「きょうはがまんして、あしたみる」

すげえ……ぼくより自制心がある。

しかし誰もがぼくのようにこんな面倒な小芝居を打てるわけではない、このようなまどろっこしいマネをせず、容赦《ようしゃ》なくＷｉ－Ｆｉを切断するというのもひとつの手である。

百歩譲って不適切コンテンツはＹｏｕＴｕｂｅ本社の検閲力を信じるとして、フィルタをすりぬけてくる虚無動画は本当に子供の発育に影響を及ぼしたりしないのだろうか？

ここはひとつ、子供たち自身に聞いてみるのはどうだろう？　というわけでうちの子供（当時6歳）に聞いてみた。

6歳児が語るＹｏｕＴｕｂｅの面白さ

――ＹｏｕＴｕｂｅが今問題になってます。なにが問題になっているかっていうと、いろいろあって。小さい子が虚無動画っていう単純な動画をずっと見ちゃうとか、子供が見ちゃいけないものとかがあったり……。

「うん」

――小さいときそういうの見てたの、おぼえてますか。

「おぼえてない！」

いきなり終わってしまった……。

つい2、3年前だというのに……子供はすぐ忘れる。

今動画を見ている子供たちもすぐ忘れてしまうから、何でも見せていいのでは……というのはさすがに思考停止だが、それほど不安にならなくても大丈夫なのかも知れない。

とりあえずもう少しインタビューを続けよう。

――では、例えばどういう動画を小さい子にすすめたいですか。

「実況。おもしろい」

――前に3歳くらいの子が遊びに来たとき、YouTubeで子供がおもちゃ紹介する番組を見てましたが、あの番組はどうでしたか。

「そうそう、あれね。おれあれ飽き飽きしたね」

――だめでしたか。

「うん、今もう飽き飽きした」

――昔、自分が見てた動画とか番組を今見たら、なんでこんなの見てたんだろうなって思いますか。

「うん！　思う！　むかしのは今では見ないな」

――子供のとき、見てて良かったなっていう番組はなんですか。

「おぼえてないんだけど、今たぶんそれを見るとね。うーん、おもしろくないなーって思うかもしれない」

――「プロフェッショナル　仕事の流儀」の山髙先生（小児科医）の回をよく見てい

たのを覚えていますか。

「あーおぼえてる！」

——今見てもおもしろいでしょうか。

「あれはまだおもしろい」

——ガンダムとかスター・ウォーズはどうでしょう（彼は3歳でスター・ウォーズとファーストガンダム鑑賞済み）。

「スター・ウォーズかあ。最近ぜんぜん見てないなあ。ＹｏｕＴｕｂｅ見てるからなあ」

——ＹｏｕＴｕｂｅのおもしろさとはなんでしょう。

「たぶんねそれね、ＹｏｕＴｕｂｅ見てるやつしかわかんないと思う」

——おもしろさがですか。

「うん。ずっと見てるやつしかわかんないと思うな。おれね、タブレットの画面で三角ボタン押すともどるんだけど、まちがったときあれつかってる。もどしてまたさがしてる。で、ないときはもう1回押すともどるんだけど……」（以下、なぜかＹｏｕＴｕｂｅを視聴するときのスタイルについて語り始める）

——ありがとうございました。

結論からいうと「ＹｏｕＴｕｂｅの面白さは見てるやつにしかわからない」。ブルース・リーの名言「ドントシンク、フィール（考えるな、感じろ）」に通ずるパワーワードである。

６歳の彼から振り返るといわゆる「虚無動画」は、つまんなくて見てられないという感想になっていたのは、とりあえずひとつの安心材料ではあるかも知れない。

子供というのは記憶が曖昧で改ざんもあると思うのだが、少なくとも現時点ではそれほど印象に残っている動画もなさそうである。

幼児のＹｏｕＴｕｂｅ問題とは結局のところ「親がなにを見せてなにを制限するか」という問題に落ち着きそうである。

それでもＹｏｕＴｕｂｅを見る子供が許せない場合、いささかエクストリームではあるが、親がＹｏｕＴｕｂｅｒになることを提案する。

そうすれば子供になにか別の種類の刺激を与えることが可能だ。

実際に、ぼくはこないだ、海猫沢めろんチャンネルを開設し、テンションだけで芥川龍之介の「蜘蛛《くも》の糸」を読むという動画をＹｏｕＴｕｂｅにアップし、子供と一緒にそれを鑑賞した。

やはり知っている人間がＹｏｕＴｕｂｅに登場するのはインパクトがあるらしく、彼は「あははは！」と笑いながら真剣に見入っていた。

そして、ＹｏｕＴｕｂｅを見終わってひとこと、

「うーん……カンダタ、たすかるとおもったんだけどなあ～」

え……そっち？　めっちゃストーリーに入り込んでるじゃん。俺に突っ込んで欲しかったんだけど……まあいいか。

追記
今や8歳となった彼であるが、成長して小手先の説得は通用しなくなってしまった。現在ＹｏｕＴｕｂｅは勉強をしたあとのみに30分だけ許しているが、たまにぼくはこう言って怒る。
「ゲーム実況動画ばっかり見てないで自分でゲームやりなさい！」
ついに新世紀が到来した。

「夫はエヴァンゲリオンである」

――夫を自発的に動かすために

ちょっと行っただけで通《つう》みたいなもの

先日、育児をしている男3人でイベントを行った。

大学の先生であり子育て本を出した常見陽平さん、育児漫画を描いている宮川サトシさん、そしてぼくというメンバーである。全員が父親の目線から子育てについてさまざまなことを語り合ったのだが、男が育児について語るのは危険である。

ネットでは連日のように育児について訳知り顔で語る男性の発言が炎上し、イクメンなどと自称しようものならお母様方にうさんくさい目で見られる。これらについてはわからなくもない。ちょっとツアーでアフリカに行っただけの旅行者が「アフリカ、けっこう快適だったわー」とか言っているようなものだからだ。これでは、「おまえらせめて1ヵ月くらい水なしでサバンナをさまよってから言えや——!」とばかりに攻撃されるのは確実。ワンオペしてない男に母の苦しみなど理解できるわけがないのだ。

そんなかな我々は細心の注意を払って鼎談《ていだん》したわけだが、そのなかで、ふと3人とも似た部分があることに気づいた。

それは、家の中でのふるまいである。

家で育児をするとき、妻の目を気にしている……というか、妻との関係性のなかで育児をしている部分が少なからず、ある。今回の3人に限らず、育児をしている男性と話すと、

「妻に怒られたくないから育児を手伝っている」

「妻に褒められたいからやっている」

「家庭を円満にするためにやっている」

そんな意見を聞くことが多い。

「あれ?　男って……なんか結局、主体的に育児してないんじゃね?」

育児とは「お手伝い」なのか

自発的に楽しいから子育てをしているとかいうケースも、ないわけではないが割合としては10人に1人くらいだ（当方調べ）。

この姿勢こそ、育児の場において、女性たちの神経を逆《さか》なでする要因である。だいたいのお母さんは、

「はぁぁ!?　お手伝い？　主体性がねえんだよ！　子育ては率先してやるべきことなんだよ！　自分で動けよ！　なんで動かねえんだよ！　おまえらエヴァンゲリオンですか!?」

と思っている。

とにもかくにも、お母さんたちがムカついているのは「お父さんたちの育児に対するお手伝い感覚」であり、「無駄に母親ファースト」な状況なのである。

思えば、確かにぼくもパートナーに「なぜあなたはいつもお手伝い感覚なのか」と言われることが多い。母親にとって育児は当事者であって、子供が生まれてから24時間ずっとそこにありつづけている問題である。対して父は違う。出産の瞬間を見ない人も多いだろうし、翌日から会社に行く。そうなると子供の顔を見るのは会社から帰ってきて寝るまでの数時間……。

母性の名の下に授乳マシンと化し、睡眠や行動の自由を剝奪《はくだつ》されながら育児をしている

お母さんと当事者意識が乖離《かいり》するのは当然である。つまり、父親が「お手伝い感覚」になるのはこの国の働き方や民族性に関わる構造的問題でもあるのだ（男の人間性もあるが、それは個人にまかせる）。ではこれをどう解決すればいいのだろうか。

アメリカってどうなの？

うーん……こういうのって海外ではどうなんだろう？　そういえばアメリカってものすげえ父親がちゃんと子供と接してるイメージがあるんだけど……？　というわけで知り合いの外国人「ジョン（※仮名）」に聞いてみた。彼はアメリカ育ちで大学生のときに日本にやってきて、そのまま外資系の企業で働き、日本人と結婚して東京に暮らす一児の父である。

――子育ての違いについて聞きたいんだけど、ジョンから見て日本のお父さんってどう？

「そもそもスタート地点から違うね。たとえば産婦人科ってアメリカでは基本的にカップルで行くけど、日本はママだけだよね。どうしてなの？　父親としての自覚がないの？」

――父親の自覚とか以前に「そんなことでいちいち会社休めないよ」と思ってるよね……日本人。その流れで、日本では出産後、お母さんにすべての負担がかかる傾向がある。

「ありえないね。とはいえ、世代的なものはアメリカでもあるかも。欧米でもずっと前からそうだったわけではないと思うし」

――日本でも今の学生とか見てると、子育てに父親が参加するのは当然、と思ってる人が増えている気が。実際会社入ってできるかどうかは別だけど。

「日本でも次のジェネレーションからは変わっていくでしょ？」

――そうだといいなあ。アメリカのお父さんにとって、家族ってどういう感じ？

「アメリカでは『家族』ってすごくすごく大事なユニットなの。仕事だろうとなんだろうとぜったい『家族』最優先」

――それは日本的な「家」とは違う感じだよね。なんでそんなに大切なの？

「アメリカは人種も民族もみんな違うし、社会階級も全部違うの。だから共通の理念を持つ共同体っていうのはすごく大切。日本人は家族以外でも安心できるところをたくさん持ってるよね」

――そうだね、国内どこいっても日本語通じるし、いきなり銃で撃たれたりしないし……。

「アメリカは家族よりも安心できるところって、なかなかない」

――ないんだ……。

「だから宗教と家族はとても大事。あっちでも子育てに参加しない父親はいるけど、少ないね。子育てはすごく楽しいしハッピーだからね！」

――まじかー！　すげえな！　奥さんの目を気にしてやってるんじゃなくて、自主的にやってんの？

「え？　めろんはそうじゃないの？」

――お、おう……そ、そうだね……うん……まあいいや……サンキュー！　バーイ！

目の前に困っている人がいる

だめだ！　サンプルが極端に優秀すぎた！　アメリカの父がみんなこのような感じだと

したら、日本は本当にヤバい。ともかく、日本人のお父さんは（ぼくを含め……）かなりヤバい！　しかし困った、肝心の打開策が見当たらない……。

ぼくは以前、「イクメンブートキャンプ」を思いついた。父親を育児に参加させるためには、国がルールとして父親に育休をとらせ、強制的に赤ん坊とふたりきりの状況にさせるしかない、というものだ。日本では、なんらかの決まり事をつくらない限り、父親の「他人事感」は改善されないだろう。しかし……そうしたところでこんなものは所詮は「罰ゲーム」である。

「なんでそんな面倒なことしなきゃいけないんだよ。だったら結婚も子作りもしたくねーよ！」

という流れで結婚&育児の価値下落は目に見えている。別にぼくは政府の回し者ではないので、それでもかまわないのだが……。結婚・出産は、別にそんなネガティヴなことばかりでもないし、かといってポジティヴなことばかりでもなく……まあ、単なる日常のひとつなのである。

なので、いきなり意識を変えてアメリカのように家族ファーストでポジティヴに子育てをするよりも、会社に通勤するようなノリで淡々と処理するほうが日本人向きな気がする。

会社員のみなさん、家の運営も会社のプロジェクトと同じと考え、クルーの困難はあなたの責任なのですぐジョインしてアジェンダを共有しコミットメントしましょう。

ぼくは会社員ではないので、よくわかりませんが……。

いや、まてよ……いまもっと根本的なことに気づいてしまった。

この問題はつまり、

「目の前に困ってる人（パートナー）がいて、それ（育児）はおまえ（夫）にも責任があるんだからちゃんとやれ！」

というシンプルなことなのかも……。

ちょっとアフリカ行ってきます！

追記
その後も、アフリカには行けていないが、コミットメントしている。
本当です……。

子供のひとこと 3歳

父：地球は宇宙にうかんでいるのに、なぜ落ちないと思う？

子：セロテープはってるからだよ

粘着力

「理不尽すぎる」——漢字書き取りは必要なのか？

「書き取り」で炎上

ある日、Ｔｗｉｔｔｅｒを見たら漢字の書き取りについてのツイートが炎上していた。

内容は、小学校1年生の漢字テストで、先生がささいな部分（線がちょっとだけはみ出してるとか、形が汚いとか……細かい！）にこだわり、ほとんどの文字に×をつけたというもの。

Ｔｗｉｔｔｅｒには、「16点」と書かれた画像がアップされていた。

あっ、これ見覚えある！

うちの子も似たような目にあっていたのである。

たしか1年生の3学期くらいだろうか。子供が定期的に腹痛を訴え、号泣するようにな

この章のお話、
めちゃくちゃ「そうそうそう！」と
思いました
じゅうぶん上手ですよ
ごにょ
こまかいまちがいとか…
どうでもいいじゃない…
ごにょ
それより、いいところを見つけて
ほめてのばしてほしい…
だって、大人の私だってそうだから！
みつ

った。原因を探っていくと、どうやら漢字の書き取り時間が原因らしい。最初は、

「いやいや！　漢字の書き取りくらいで何言ってんだよ！」

と思ったが、ノートを見て「むむむ」と唸《うな》った。

そこには赤字コメントで「いつきれいにかくの？」という文字が……えっ……!?　き、きびしいっす……なにか理由があるのかなと思いノートをさかのぼると、それ以前に「ていねいに」という注意書きが複数回。なるほど、積もり積もった末に、ということか。

しかし先生の赤が細かい。逆に「よく見てんなあ！」と感心するくらいの細かさだった。

「女」の横棒のバランスが悪いとか、「月」の横棒が1ミリはみ出てるとか、「つ」の角度が悪いとか……これは泣く。ぼくもクリアできる気がしない。

だいたいで良くないのか？

小学校における漢字の書き取り――大人も一度は通った道だ。そして、誰もがこう思ったはずだ。

「何回も書く意味あるか……これ？　だいたいで良くね？」

漢字の書き取りに意味がない——とは言わないが、ものには限度がある。キーボードやスマホで文字を打つこの時代、漢字を綺麗に書けることより、読めることのほうが大切だと思うのだが……。

いや、しかし、まてよ……これだけ先生たちが漢字にこだわるのには、なにか理由があるのでは？　と思って調べてみたところ、やっぱりあった！

平成28年度に文部科学省が作成した、参議院文教科学委員会での議事録、「学校教育における漢字指導の在り方について」という資料である。

簡単に要約すると、漢字は書体や手書きなどで細かく違いがあるけど、混乱するから「教科書体」をもとに、漢字をちゃんと教えなさい。教育現場が混乱して、保護者から文句も来てるんだよ！　という内容である。

なるほどわかった。

小学校の先生が漢字をちゃんと教えようとするのは、こういう背景の圧力を受けてのことだったわけだ。大人の世界は大変である……。

しかし、どうしたものか。

苦情を言って先生と子供の関係が悪くなるのもまずい。中間管理職的な悩みに直面してしまった。会社員じゃないので解決策がわからないな……。

幸い学期末だったこともあり、あと数ヵ月でクラス替えがある。この数ヵ月をしのぐために、ぼくはこう提案してみた。

「ＹｏｕＴｕｂｅｒを頼ろう」

「子供＝ＹｏｕＴｕｂｅが好き」を利用

今の子供はとにかく何でもいいからＹｏｕＴｕｂｅを見たい。そこにつけ込む大人の知恵である。

「ＹｏｕＴｕｂｅｒ！（ニヤニヤ）」

急に子供が元気になった。単純だなおい。

検索してみると案の定、漢字を上手く書くアドバイスをしているＹｏｕＴｕｂｅｒを発見。なるほど。

「マス目の分割を意識して書くと良いらしいぞ」

「これ、やってるよ」

確かに子供の字を見ると、バランスが極端に悪いというわけではない。あまり効果がなさそうだ。やはりこんなインスタントな方法では無理か。仕方ない。ガチで行こう。

「わかった。今おれの頭に3秒で解決策が浮かんだ。実際に習字の先生のところに行って教えを請う！」

「えー……」

ちょうどマンションの隣室のぽんたくん（※仮名、5年生）が近所の習字教室に通っている。さっそく隣のお母さんに「こんにちは！　お習字の先生紹介してくださ〜い(^o^)」とメッセージして体験予約。ぽんたくんと、うちの子供とぼくの3人で教室に向かった。

自由業はこういうときにフットワークが軽くて良い。

習う理由は「うまくなるから」より

教室はウチから1分の場所にあった（看板がないから気づかなかった）。先生は年配の上品な女性である。

「ちょっと子供が学校の漢字書き取りで自信を失ってまして」と説明。学校のノートを見せる。

「まあ、充分上手ですよ」と褒めてもらう。さらに、漢字をうまく書くコツを聞いてみる。

「まずよくお手本を見ること。次にゆっくり書く。そして、右上がりに書く。これで上手に見えますよ」

なんて的確なアドバイスなんだ！　その場で子供がお手本を見てゆっくり書く。おお、なんとなく……できてる気がするぞ。

・お手本をよく見る
・ゆっくり書く
・右肩上がりを心がける

この3つのポイントを覚えた子供だが、実はぼくには別の目的があった。

「別の先生に別の意見をもらう」

これだ。

子供の世界は狭い。目の前の先生が絶対だと思うと、否定されたときに逃げ場がない。だから、もうひとつ別の権威をぶつけるのである。そうして権威を相対化していくことで、心に余裕ができる。リラックスして漢字も上手くなる。

完璧だ。天才すぎる。

数日後。子供に話しかけてみた。

「漢字うまくなった？　ちょっと書いてみてよ」

「いいよ」

実際に書いてもらった漢字の画像がこれである。

か、かわって……ない……？　いや……まて！　よく見ると……右肩上がりの部分が……ある！　あー、うん……あるね。あるよ。あるある！　アドバイスの成果が出

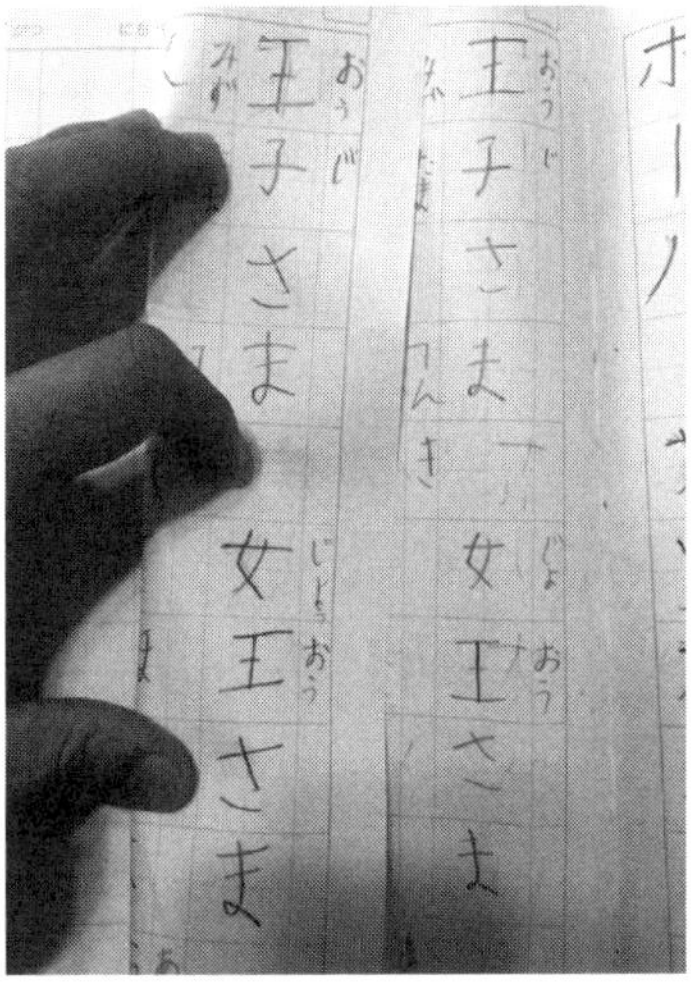

向かって左が after です

てる！　出てることにしよう！

「おお！　できてるじゃん！」

「まあね」

まんざらでもなさそうである。

その後、習字の先生に認められたおかげか、先生に赤を入れられても前ほど凹《へこ》むことはなくなった。「よく見る」、とは「良く」見る、ということでもあるんだなあ（金八先生の漢字説教風）。

文科省におかれましては、こまかい「間違い」を指摘するのではなく、こまかい「良さ」を指摘する方向で指導方針を作りなおしてみてはいかがでしょうか。

追記

その後、子供は学年が上がり、担任の先生がユルくなり、漢字プレッシャーからは解放されたが、明らかにまた字が汚くなった。やはり、厳しさも必要である。

「家にいたくない」——子供と長期休暇

ぼくは憂鬱です

ＧＷに直面した子育て世代の皆さん、お元気ですか？　ぼくは憂鬱《ゆううつ》です。

長期休暇……独身貴族や小僧どもにはわかるまい……いかに地雷を踏まないで過ごすかというデスゲームの始まりである。

ぼくはかつて、あらゆる地雷を踏みまくってきた。だからこそ言えることがある。

今回は子供と休暇について考えたい。


このエッセイを書くにあたって、子供がいる友人たちに「長期休暇どうしてる？」と聞いてみたところ、全員「旅行」と答えた。

休みの日に家族旅行。なるほど、スタンダードだ。しかし、ぼくはそのスタンダードに納得できない。

子供の頃、旅行が嫌いだった。家族で旅行に行くより、家でゲームをしているほうが楽しかった。旅行先に子供が好きなものはなく、風景と温泉しかない。仕方なく斜《しゃ》に構え、旅行先の旅館のゲーセンでひとりゲームをする。それがぼくの旅行のイメージだ。

大人になってもそのイメージはそれほど変わっていない。だから家族旅行にはどうも乗り気になれない。

ぼくだけの意見を通すのも悪いので、パートナーにも聞いてみたところ、

「人が多い休みの日にわざわざ旅行に行くなんてバカでしょ」

合理的な彼女はそう言った。

続いてうちの子供に、

「今度の休み、どっか行きたい？　家でゲームする？　ゲームしようよ」

と誘導尋問ぽく聞いてみたところ、

「うーん、熱海いきたい」

と、老人みたいなことを口にした。遠いよ！　東京にいた頃と違うんだ……九州から熱

海は遠いよ！　ＯＫ、わかってる……この家でまともなのは君だけだ。父と母には常識がないんだ。それでもすまん……ＧＷはどこも行きたくない！


子供ができてから休日が楽しめなくなった。

小さな子供がいて共働きの家庭にとって、長期休暇は招かれざる客のようなものだ。自由業は休暇中にも仕事をせざるを得ない。休暇なのに仕事をしていることでパートナーに責められる。生活のリズムが崩れる。自分の時間がない。妻は、子供と夫という２人の人間の面倒をみなければならない。夫は必ず妻の地雷を踏んで一度は喧嘩になる……などなど、想定される厄介が盛りだくさんである。

なにか小さな諍《いさか》いが起きるのは、だいたい長期休暇だ。

長いＧＷは、問題が起きるに決まっている。憂鬱だ。しかし、そんなことを言ってもしょうがない。前向きにＧＷを平穏に過ごす６つの作戦を考えてみた。

1　実家に帰る
安全策である。おじいちゃんおばあちゃんは孫の顔が見られて喜ぶ。親は休める。そして子供はチヤホヤされる。ただ、ひとつ問題があるとすれば、なぜか実家に帰るというとき、その多くが「妻の実家」であるということだ。なんなら、妻と子供だけが実家に帰るパターンも多い。夫に言っておきたい。このパターンは確実に地雷だ。できるなら2人で帰って夫が子供の面倒を見るくらいがちょうどいい。

夫の実家に帰るというパターンもあるが、これも同様に地雷だ。考えてみればわかるはずだ。誰も人の実家になんか行きたくない。

2　近所を旅行する

あまりおすすめしないが、旅行に行かざるを得ない場合は、徒歩と電車移動で行ける近場をオススメする。庭にテントを張るのも良いし、駅前のホテルに宿泊するとか、自転車で山に行ってキャンプするのもいいだろう。一番おすすめは近所の河原でアウトドアだ。とにかく人がいない場所ならどこでもいい。この場合、妻は連れて行かなくて良い。子供と夫だけで行くのだ。妻を休ませたほうが地雷の心配がない。

3　ローテーションで乗り切る

子供はお泊まり会が大好きだ。ローテーションでお泊まり会をやるのは良い考えである。ただし、あまり知らない家とこれをやるとトラブルの元なので、気心が知れた仲間や親戚でやるべきだろう。ぼくも一日は子供をどこかへ預けようと思っているし、預かろうと思っている。ただし、この場合も夫が積極的に面倒を見るべきだ。特に料理と子供の面倒を妻に任せるのは地雷だ。

4　GWを仕事だと思う

そもそもGWを長期休暇だと思うからいろいろな問題が発生するのである。最初から仕事だと思えばストレスもないだろう。この場合、仕事をするのは夫である。妻は必ず休ませておいたほうがいい。そうしなければ、夫は仕事以上の地雷を処理することになるだろう。

5　協力し合う

これができるなら理想である。ただ、休日においては夫のほうが必ず「いつも働いてるから休みたいんだ」とかたわけたことを言いがちである。共働きはいわずもがな、専業主婦の妻もいつも働いている。発言には気をつけた方がいい。夫は口を開く前に、掃除洗濯料理などをやろう。それから協力体制に入るべきだ。

6　なにもしない

究極的にはこれが一番よい。ただし、とても難しい。一般的に妻には掃除洗濯料理というタスクが存在しているからだ。これを回避するためにGWは全員ずっと寝間着で過ごし、極力動かず、すべて外食か出前で済ませるという荒技が存在する。チーム全員の意思統一が必要であり、非常に難しい作戦だが、成功すれば最も簡単に地雷処理が可能だ。

家庭内トラブルの初手は男の無自覚さ

以上が6つのポイントであるが、夫の諸君は「なぜ妻を優遇することばかり書かれているんだ！」という理不尽さに憤《いきどお》っているだろう。それだ。その態度がすでに地雷なのだ。男は気づいていない。家庭内トラブルの8割はほぼ男が引き起こしていることに……。

こういうことを言うと「なんで男子ばっかりが文句言われるんだよ！」とキレる人がい

る。

もちろんぼくも男子なので、わかる部分はある。が、ちょっと考えてみてほしい。そもそもこの社会は男子のほうが有利に生きやすいように作られていて、男子はそれに無自覚だ。その感覚を家庭に持ち込んで許されていたのは昭和までである。令和からは死刑になる。

……まあそれは冗談として、構造的に不利な側にばかり責任を押し付けるのはおかしい。

貧困家庭にお金持ちが紛れ込んで、「え？　別にぼくは恵まれてないですよ」とか言って毎日ひとりでステーキ食ってたらムカつくじゃないですか？　同じです。お互いのことを理解しよう。

ただ、我々男子がそうしたことに無自覚な理由もまた構造的なものなので、女性側が男性にこれを理解させるのは難しい。そして、永遠に平行線のまま殺し合う……というループに入りがちである。

これはフェミニズムがどうという話ではない。過去にあらゆるトラブルを経験したぼくの実感だ。

話が脱線したが、最初にも言ったとおり、休暇とは、いかに地雷を踏まないで戦場を歩くかというゲームである。

楽しい長期休暇はあなたとパートナーの協力にかかっている。成功を祈る。あ、「家族の楽しい休みを苦行みたいに言うなんてひどい！」という方々にとっては、このエッセイは必要ないので今すぐ忘れて良い。

ちなみにウチは普段からわりと役割が分担されている合理的な家庭だが、見えない地雷の存在を予測し、なるべくぼくが子供をどこかに連れて行く予定である。

それでも、ぼくの体内に埋め込まれた地雷が爆発する可能性があるので、朝は毎日座禅を組んで瞑想している。

追記

その後、瞑想をかかさず行っていたが結局ぼくが爆発した。悟りなどクソくらえである。

子供のひとこと　4歳

4たす3は？　父

子　うーん……えーと、うーん……7

んじゃあ次は3たす4は？　父

子　うーん……えええっと……うーん……7

すごい！　じゃあ4たす3は　父

子　むずかしいね……うーん、えっとえっと……うーん……7！

OK、じゃあ……3たす4は？　父

子　うーん……えええっと……うーん……7

次はむずかしいよ……4たす3！　父

子　えーっと、えーっと……うーん……7？

＼ **難問** ／

「月曜になるとお腹が痛い」
——子供と月曜病

日曜夜から不穏な動きが

子供がいる家庭のみなさんこんにちは。

突然ですが、こんな経験ありませんか？

日曜の夜、子供がなんとなく憂鬱な顔になり「お腹が痛い」と言い始める。あなたは心配して、

「トイレに行けば？　薬でも飲む？」

そう提案するが、お腹の具合が悪いわけでもないようだ。おまけに頭痛や熱も訴えはじめる。しかし熱はない。とりあえず寝かせる。

翌朝。相変わらずグズっている子供。休みたいと言い始めるがやはり熱はない。しょう

学校なんてみんな行きたくないって!
なるほどふつうふつう!
ほっ

がないのでなだめて学校へ送り出す。

大丈夫なのだろうか？　なにか変な病気なのでは？

いや、まてよと、あなたは思う。

「子供の頃って、月曜日嫌だったな……ていうか、私も今日仕事行くの嫌だわ……お腹痛い」

まさに典型的な「月曜病」である。

医学書にはない確実な「病気」

もちろん医学書には書かれていない。だが、この病気は確かに存在する。特に、小学生には症状が顕著《けんちょ》に現れる。

ウチもそうだった。

小学校に行き始めた月曜の朝。子供が「お腹が痛い」と言い始めた。

「トイレに行けば？　正露丸《せいろがん》飲む？」

テンプレ的な腹痛対応をしたものの一向に良くなる気配がない。どうもそういう腹痛でもないようだ。

その日はとりあえず、「学校行って我慢できなかったら保健室に行きなさい」と言って送り出した。

心配だが、どうしようもないのだ。

そう、月曜日は鬱曜日。それが自然の摂理なのである。

「5つのステップ」とは

というわけで、今から「月曜病」の子供への対処法を書いていくわけだが、結論から言うとぼくの場合は5つのステップで対処した。

1 話をきく
2 共感する
3 病院に行く
4 記録する

5　騙《だま》す

最後のあたりにすでに絶望的な気配が漂っているが、順番に説明していく。

まずステップ１「話をきく」から。

その夜、寝かしつけのときにぼくはカウンセリングを試みた。

「どんなときにお腹が痛い？」

「毎日」

「毎日かあ……そうだよな。わかる、すげえわかるよ。次の日になんかしないといけないと思うと痛くならない？」

「なる」

完全に理解できる。

なぜならぼくは小学生の頃は月曜どころではなく、ほぼ毎日腹痛だったからである。40歳を過ぎた今でも、翌日に予定が入っているとほぼ90％の確率でお腹が痛くなる。翌日に予定があること自体がストレスであり、過敏性腸炎のトリガーになっているのだ。

先日までやっていたＦＭラジオ番組は特にやばかった。ブースにはいると２時間出られないため、緊張で吐きそうになり、仕方ないのでゴミ箱をイスの下に設置して、そこに吐く準備をし、さらに腹痛になったときには大をそこでやろうと覚悟していた（幸いこれは避けられた）。

それはさておき子供の腹痛をどうするか……。

病院で怒られる父

ここでステップ2、「共感する」である。

まずは、

「ＨＡＨＡＨＡ！　俺も学校へいくときはお腹が痛かったよ」

と、アメリカンに大人の余裕を見せつつ心を開く。

「ぶっちゃけ学校で何回もうんこを漏らしそうになった。でも田舎だったから、田んぼや橋の下でこっそりやっていた。そのとき俺は気づいたんだよ。動物たちにはうんこをもらすという概念はないんだって」

「おれは別にそこまでじゃないけど……」

子供が若干引き気味である。調子に乗りすぎた。

「でもなにか異変があったらまずいので明日病院に行ってみよう」

というわけで、翌日、学校が終わったあと小児科に行ってみた。ステップ3「病院に行く」である。

小児科の女医さんは、

「便秘かな？　朝いつもトイレで座るといいですよ」

というアドバイスをくれたが、

「うーん……」

どうやら子供的にはなにか違うらしい。精神的なものだということは自分でも気づいているのだろう。

「先生、精神安定剤的なものはないんでしょうか？」

「そういうのはないですね」

「ぼくが飲んでるパニックの薬とかあげたらだめですか？」

「だめです！　絶対やめてください！」

めっちゃ怒られた。44歳なのに怒られた。まあ、そうだよね。一応整腸剤をもらった。

精神科医の先生に秒殺

やはりこれは精神的なものが原因でまちがいない。だとすれば精神科医の先生が一番いいはず。

数日後、タイミング良く精神科医で作家の春日武彦先生の家に家族で遊びにいく機会があったので、相談してみた。

「うちの子供が月曜お腹痛いっていうんですよ。どうすればいいっすか」

「いやあー俺も学校なんて大嫌いだったよー。月曜日が楽しいやつなんてどっかおかしいって。普通普通！」

子供は「それが普通だ」と言われて、ちょっとほっとしたような雰囲気を見せた。

しかし、だからといってすぐに治るわけはない。

相変わらず朝になるたびに「お腹が痛い」と言い続ける。

ここでステップ４「記録する」の出番だ。

——今日からお腹の痛さを数値にしてカレンダーに記録しようと思う。

「いいね」

——じゃあまず、すごい痛い、痛い、普通、の3段階にするか。

「10段階で」

——細かいよ！　せめて5段階くらいじゃない？　1が普通、2がちょっと、3がまあまあ、4がかなり、5が学校行くの無理。今日はいくつくらいだった？

「うーん、9！」

ねえねえ、ぼくの話きいてる？　きいてたよね？　5がＭＡＸだよ？　9は死んでるよ？

しょうがないので10段階にした。

そしてカレンダーに記録すること一週間。数値はこんなふうだ。

月9　火8.5　水8.5　木8　金8

やはり3段階で良かったのではないだろうか。

マカロンに撃沈

カレンダーを見ているとパートナーが「なにまたバカなことしてんの？」と話しかけてきた。

統計だよ統計。見りゃわかるだろ今流行のビッグデータだよ。こうやってデータをとればスーパーコンピューター（俺の脳）が分析して最適解を出すんだよ。

「へー。そうなんだ。あ、そういえば月曜に学校行ったらマカロン買ってきてあげるって言ったら、あの子めっちゃ喜んでたよ」

これだ。彼女はすぐにお菓子でなんとかしようとするのだ。そんな単純なわけがないだろう。

と、思っていたが、次の月曜から彼は何も言わなくなった。

まさかと思い聞いてみた。

――ねえねえ、お腹痛くないの？

「痛いよ」

――でもあんま言ってないよね。

「痛いけどね」

――月曜学校行くとマカロン買ってもらえるらしいじゃん。

「うーん（ニヤニヤ）まあねー」

なんということだろう。すっかり騙されている。完全にスイーツ脳だ。

これが一番効果的だったステップ5「騙す」である。

これでいいのだろうか。

行動経済学かマカロンか

「別にいいじゃん。学校いってんだから」

というパートナーに対して、ぼくは行動経済学的な見地からこの危険性を指摘した。

行動経済学では、根本を掘り崩してしまうという意味で「アンダーマイニング効果」と呼ばれているものがある。

ある行為に対して報酬を出していると、その報酬がなくなった瞬間、一気にモチベーションが低下する。

つまり、「報酬がもらえるからする」、というのは「報酬がもらえなくなったらしない」、ということと表裏一体なのである。

よって、これは一時的なカンフル剤に過ぎない。危険だ。

そう言うと、彼女はこう言った。

「どうでもいいよ。なんちゃら経済学よりマカロンのほうが役立ってるし」

そんなわけがないだろう！　行動経済学はノーベル賞をとっている理論なのである。超えらいのである。ヤバすごいのである。このような短期的戦略はヨクナイのである。仮に明日、この世界からマカロンがなくなったらどうするのだ。苺ショートケーキでなんとかするというのか！

それでいいか……いや、でも今は良くても将来的にはまずい気がする。このへんのことを実証する例はないものか。

そういえば、以前、高学歴な友達の幼少期を調べていたとき、東大の大学院でブロックチェーン研究をしているサトウくん（※仮名）がこんなことを言っていた。

「僕は遊戯王カードを買ってもらうため中学受験しました。見事に騙されましたけど、あれがなかったら勉強してなかったでしょうね」

あれ？　アンダーマイニング効果が出てない。大人になっても勉強してる。エライ（行動経済学への信頼が揺らいできた……）。

カンフル剤も使い所を考えればうまく作用するということか。

……というわけで、こうしてうやむやのうちに子供の月曜病は軽減された。

しかし、月曜病がもたらす日本全体の経済効果の低下は深刻なレベルであると言わざるを得ない。

政府は月曜に限って、お酒やコスメやグルメなども医療費として計上できるようにするべきだろう。

日本経済を生き返らせるにはこれしかない！

追記

と言っているのに無視して、消費税を上げちゃう政府を絶対許さない。

それはともかく小学2年生になった今では、子供の月曜病はほとんどなくなった。クラス替えで先生がユルくなったことで悩みが解決したようだ。月曜病は一種のストレス反応なので、あんまり続くようなら環境改善を図るべきです。

「トイレは男が掃除しろ」
――家事レースで戦争をしないために

なんでお父さんが料理するの？

ある日の昼下がり、小学生の息子がぼくにこう言った。

「なんでウチはお父さんが料理するの？」

え？　どういうこと？　一瞬意味がわからなかった。

「料理ってふつうお母さんがやるじゃん」

あ、そういうことか。

ウチは普段からぼくが食事を全部作っている。そのことを不思議に思っているらしい。

男が料理するのはもはや珍しくないはずだが……最近古いアニメを見ているせいか、そういうステレオタイプな家族像をどこかでインストールされたらしい。

あれか、きみは「お母さんの味」とかいう昭和みたいなやつがいいのか？　と尋ねると微妙な顔で、

「あ、いや……いいや」

と言った。

そう。ウチのパートナーの料理はかなりヤバい。味覚や味付けが雑すぎるのである。味噌汁を作ってもらったら謎の白い液体が出てきたことがある。冗談のレベルを超えている。なにをどうやればそうなるのか理解に苦しむ。

ぼくが料理をするのは、「美味しいものが食べたい」という理由であり、誰のためでもない。自分のためなのだ。家族のためですらない。

家事は女性、という時代は終わった

かつて食事の準備に洗い物、掃除洗濯布団の上げ下げは女性の仕事だという時代があったが、今や家事のできない男との同居はそれ自体が女性にとってモラハラであると言っても過言ではない。「家事は母親がやるもの」とかいう決めつけや昭和的イメージは過去の

もの。その感覚で将来女性と接するとドン引きされること間違いない。

そもそも、男女の役割分担など、単なる環境や慣習で、何の生物的根拠もない。男性脳や女性脳という話もあるが、あれはトンデモ科学である（脳科学者のあいだでは、男女の脳に生物的差異がほぼない事実は常識らしい）。

子供に対してそのようなことを一通り話したのだが、わかっているのかいないのか。生返事を返された。

まあ……確かに、周りを見ても、家庭において家事を担っているのはやはり女性が多い。まだまだ日本のジェンダーギャップ指数はヤバめということか。我が家だって、食事はぼくが作るにせよ、気づくと掃除洗濯などはパートナーがやっていることが多い。いわゆる「名もなき家事」の負担に、お互いキレて口論になることもある。

所詮は他人。どうしても気になる場所が違う。家庭には常に「家事チキンレース」が発生している。しかし、チキンレースに負けて我慢できなくなった側が家事をする……そんな殺伐とした世界に我々はいつまでいるのだろう。そろそろお互いアイデアを出し合って「チキンレース」から降りるべきではないだろうか。

今回は来《きた》るべき未来に向けて、子供に教えておきたい「家事チキンレース」で起きがちな問題と解決法を4つ提案したい。

「家事チキンレース」からの脱却案

まずはこれだ。

1　掃除「トイレにおける座るか立つか」問題

夫が掃除をしたあと「雑すぎる！」と妻が怒って、結局妻がやりなおすパターンはよく見かける。清掃後のトイレを使おうとして「今綺麗だから使わないで」と言われたときは、カフカの不条理小説かと思った。

男は基本的に雑である。脳の問題ではない。たぶん前世とか魂の問題だろう。ウチではロボット掃除機を導入することでなんとかチキンレースを回避していたが、それでもダメな部分が一つある。そう。トイレである。トイレにおける「座るか立つか」問題。女子は座ってやるので問題ない。洋式トイレが臭くなる原因は男子の立ちションである。特に子供。

男子も座ってやるように、とのルールを作っている家庭も多いが、それでも男子は座らない。なぜなら面倒だから。自分を含め男子は面倒なことが嫌いだ。

ならばトイレは男子が掃除するべきなのである。ウチでは息子とぼくが掃除している。

ちなみに「男がトイレ掃除なんてできるか！」という男らしい意見をお持ちの方に言っておくが、ぼくの通っていた全寮制男子高校では、全校生徒が絶叫しながらヘッドバンギングし、素手で便器を磨きまくるというイカれた儀式が日常的に行われていた。少年院あがりのやつらが「少年院もどりてえ……」と泣き言を漏らすほど本物の男のトイレ掃除だった。それに比べれば家のトイレ掃除などトーストにジャムを塗る程度のことだ。問題ない。

トイレは男子が掃除する——それが令和のスタンダード。

トイレクイックルが、おすすめです。

次にこれ。

2　洗濯「畳むや畳まざるや」問題

洗濯乾燥機の登場により、洗濯はかなり楽になったが、問題は乾燥後。「畳む」段階である。大量の服や下着やタオルを畳んで収納するのは想像以上に面倒くさい。特に洗濯物が大量発生しやすい梅雨《つゆ》の時期はなおさらだ。

しかし、冷静に考えてみて欲しい。

タオルや下着を畳む意味はあるだろうか？

バスタオルには別にしわがついていようがいまいが関係ない、そもそもどうせその日にまた使うのだ。

畳む意味なくね？

下着も、着用すればしわがとれるうえにほぼ誰も見ない。

畳む意味なくね？

とはいえぐちゃぐちゃにしておくのも見た目が悪い。そこで我が家ではこういうふうに改善した。

Ａｍａｚｏｎのダンボールで箱をいくつか作って洗濯物の種類別にそこにぶちこむ。あとは布で目隠しする。夫がやたらＡｍａｚｏｎで買い物をするのでダンボールが邪魔！という家庭の悩みも解決できる（一時的に）。

あと、洗濯しているうちに必ず起きるのが「片方の靴下をなくす」というものだ。

これはもう宿命といっていい。靴下は必ず片方なくなる。だから同じ色のものを買おう。そして洗濯が終わったら靴下箱にぶちこむのだ。子供はそこに手を突っ込んでふたつずつ取ればいい。

畳むという日本の美しい文化は、我々忙しい家庭には存在しない。貴族と暇人が勝手にやれ。

次に定番がこちら。

3　料理「作るか買うか」問題

料理に関しては時間がある人間がやるべきだが、そうなると大抵は夫か妻のどちらかに偏る。これはフェアではない。たまには外の弁当や惣菜を買ってくるのもいいだろう。

アジアでは、毎日屋台で食事する国も多い。忙しい家庭が毎日手料理を作るのは過酷すぎる。それなりに美味しいコロッケが1個50円で買えるのになぜわざわざ30分かけて家でコロッケを揚げなくてはならないのか？　夜中にスーパーの見切り品を狙えば２００円くらいで弁当が買えるのになぜ弁当を作るのか？　ウチは週に2回くらいは外のお惣菜と弁当が出る。何の問題も起きていない。むしろ子供は楽しみにしている。

あと、カレーや煮物、ローストビーフ、おでん、角煮などは、炊飯器を使って作ると洗い物がすくない上に失敗もなく最高である。アメリカ生まれのインスタントポットというのが話題だが、あんなものは必要ない。ジャパニーズ炊飯器で十分である。材料を全部ぶちこんで炊飯するだけでＯＫ。アクを取る作業はできないが、だいたい、アクを取ったからといって家のカレーやシチューの味などそう変わらない。炊飯器イズナンバーワン。

さらに、料理については作る人と片付ける人に分けるというやり方もある。だが、作るより片付けるほうが大変なときもある。

以前も書いたが、いますぐに「食洗機」を導入すべきだ。それもデカイやつを。説明書には「下洗いしてから入れてください」などと書いてあるが無視していい。下洗いするやつは馬鹿である。そんなことするくらいならそもそも手で洗う。

汚れた食器をそのまま突っ込んでスプーン１杯の重曹をぶちこんでスタートさせよう。ちゃんと洗える。人間より機械を信じるのだ。

そして最後の問題はこれ。

４　買い物「外かネットか」問題

案外大変なのが「買い出し」である。夏ならばペットボトルのお茶は定番だが、これが重い。めちゃくちゃ重い。体力がない人間には酷なので、米、お茶、調味料など、重いものはすべて体力のある人間が買うか、Ａｍａｚｏｎで注文すべきだろう。人類はもはやＡｍａｚｏｎなしでは生きられない。Ａｍａｚｏｎには何でもある（神棚もＡｍａｚｏｎで買った）。

魚や肉など生鮮食品は近所で買うべきだが、スーパーに行くとついつい無駄なものを買ってしまう。できるだけネットで買えるものはネットで注文したほうが良い。調味料などはＡｍａｚｏｎで一番人気のものを買うと、割高だが、料理の味レベル全体が上がるのでオススメだ。

あと、肉もあんがいネットでまとめて注文すると安く買えるようだが、ぼくはＡｍａｚｏｎ以外使ってないＡｍａｚｏｎ信者なので別の宗派については知らない。このへんの検索は夫にまかせよう。エロサイト検索で鍛えられた力が役立つ時である。

以上４点が未来の子供たちに伝えたい家事の話だ。

ちなみに偉そうなことを書いているが、最初に書いたようにぼくは料理と買い出し以外はマトモにやっていないことが多い。そのため週１で戦争が起きている。この連載が途中で終わったら「ああ、家事の分担って大事なんだな」と思って欲しい。
　みなさんの自宅の家事事情が改善されることを祈っています。

追記
　家事の分担は、ある程度うまく行っている気がする。男が料理を担当するだけで、かなり家事バランスは変わるのでおすすめしたい。ただし「洗いもの戦争」には気をつけよう。

「自由は子供にまだ早い」
——子供と自由研究について

子供の頃、夏休みは救いだった

いじめられっ子だったぼくにとって、夏休みは救いだった。

夏休み。それは思い出の結晶。一瞬の光がその結晶を通過するときに永遠が生まれる
……思わずそんなポエミーな言葉を紡いでしまうほど素晴らしい夏休み。

だがしかし。

親になった今……まさかこんな日がくるなどとは夢にも思わなかった。

そうなのだ。

親として過ごす夏休みは、はっきり言ってまったく楽しくないどころか、「来なくていいから帰ってください！」と言いたくなるような代物だったのである。

夏休みが来るぞーっ
キャアアアァ
ドドドドドド

なぜ親にとってつらいのか

親にとって夏休みの何が嫌なのだろうか。夏休み直前、ちょうど子供のサッカーの練習で会ったお母さんの一人にインタビューしてみた。

——こんにちは。そろそろ夏休みですが、どうですか。

「夏休み、なくていいですよね。いろいろ大変すぎて……」

——どのあたりが大変でしょうか。

「やっぱりお弁当ですよね。毎日朝から育成（※児童育成クラブ。いわゆる学童保育のこと）に行くのはいいとして、お弁当つくるのが面倒で」

——パンでよくないですか？

「やっぱりまわりの子たちがちゃんとしたお弁当だとそれもどうかと思うんですよね。めろんさんの家はどうですか？」

——ぼくの家は前日のおかずの残りとか、冷凍食品とかおにぎりとかパンとかです。

お店のほうが親がつくるより絶対美味しいですよ！

「そうですか……。あと大変なのは、おでかけですかね。夏の思い出つくってあげるためにでかけないと……とか思っちゃうし。宿題手伝わないといけないし。自由研究も考えなくちゃいけないし」

――やることが多いですよね。

「めろんさん家も大変じゃなかったですか？　去年はどうしてたんですか？」

――どうしてたっけな……あ。そうだ、去年はストレスが爆発して途中でぼくが「俺はひとりじゃないと仕事ができないから実家に帰って！」って言って夏のあいだ、ウチの実家にパートナーと息子を送りつけた気がします。

「えっ、ひどい！」

――いまだによくグチグチ文句言われます。

「そりゃそうですよ。しかも他人の実家ですからね……奥さんえらいですよ。私だったら1週間いたらおかしくなります」

――ぼくは他人の実家でもくつろぎますけど……普通の人は耐えられないみたいですね。

「そういえば、知り合いのお母さんは、夏休みはフルタイムで仕事入れるって言ってましたね」

――えっ？　どういうことですか？　子供が家にいるのにフルタイムとか無理じゃないですか？

「子供とずっと家にいるのも大変だから、実家のおじいちゃんとおばあちゃんに面倒見てもらって仕事するみたいです」

――ああ……仕事を大義名分にしてということですか。すごいなあ……親の夏休みは過酷だなあ。

「めろんさんも他人ごとじゃないですよ！」

問題ないじゃんと思っていたが……

というわけで、思いがけずぼくのヤバいエピソードが出てきてしまったが……とにかくだ！

夏休みはＧＷの比ではないくらい大変なのである。なにせ毎日子供が家にいる。

ぼくは家に子供がいると仕事ができないし、パートナー（現役大学生）のほうは絶賛試験期間中で、おまけに休み明けにまた試験があるのでそれに向けて今から頭に詰め込むことが大量にある。

こうなると夏休みも無関係に営業していた保育園の神っぷりが身にしみる。

ともかく夏休み中も子供には朝から育成（学童）に行ってもらうことにした。インタビューではお弁当が面倒という話だったが、ぼくは弁当作りが嫌いではないのでここは難なくクリア。さらに生活リズムも、いつものように夜8時くらいには寝室で本を読んだりすることでクリア。

なんだ、夏休み、べつに問題ないじゃん。

と、油断していたら思わぬ伏兵があらわれた。「自由研究」である。

「あなた、去年私に丸投げしたよね」

「自由研究」が鬼門であるというのは小学生の親にとっては周知の事実らしい。

これが原因でここ数日、ぼくと子供のあいだには険悪なムードが流れている。

そもそも自発的になにかを研究するなど、大人でもなかなか難しいのに、小学生となるとその難しさは言うまでもない。かなりの選ばれし者でないと無理だ。せめて学校でテーマを考えるくらいまでは導くべきではなかろうか。自分が子供の頃を思い出してみても、やはりまったくやる気がなく、せいぜい最終日に植物の成長記録を捏造するとか、牛乳パックで奇妙なオブジェを作るとか……高学年になるとそもそもやっていなかった気がする。

パートナーにそう言うと「そうよ。大変なのよ。あ、なんだか腹が立ってきた。あなた去年はわたしに丸投げしたよね？」とのこと。また地雷を掘り返してしまった。

そんなわけで急遽《きゅうきょ》図書館で、自由研究にまつわる本を探してみると、ちょうど本棚で特集されていた。みんな悩みは同じか……。

パラパラと読んでみると、なかなかいい本を見つけた。これである。

『お父さんが教える自由研究の書きかた』赤木かん子（自由国民社）

この本のなにがいいかというと、小学生にもわかるように研究の意味と、なにも考えつかない場合や、動機付けなど、かなり根っこの部分から子供に寄り添って書かれているのだ。

さっそくこれを子供に読ませて、「なにがやりたい?」と聞いてみる。

「……べつになにもやりたくない」

すきなことから始めるって書いてあるから、お菓子とかサッカーはどう?

「うーん……でもなあ」

煮えきらない。

ディスカッションを重ねていると、子供の集中力が切れてだらだらしてくる。そうすると「おいおい、おまえのためにやってんだぞ!」と、だんだんこっちの腹が立ってくる。

はっ……いかん。なんという不毛な喧嘩なんだ……。

ぼくは子供に、自発的になにかをやって欲しいという願望が強い。だから自発性がないところを見ると、過剰に腹が立つのだ。

しかし冷静になって考えると、助けてくれと言われているならともかく、親が勝手に子供の問題に首を突っ込んでいるこの状況はおかしい。

ここは話し合おう。

クールダウンして、「わかった、こういうのは自分で決めないといけない。ただ、手伝えることがあればなんでもやるんで言ってくれ」ということで待つことにした。

「人間の共感について調べる」

数日後、子供が言った。

「食べ物に塩がどのくらい入ってるか調べる。あと、人間の共感について調べる」

塩か……去年は食べ物に砂糖がどのくらい入っているか調べたので、あきらかに反復だが、共感について調べるというのは面白い。

問題は「共感」のなにについて調べるかだが……という話をすると、

「共感する力がどのくらいあるか測る」

と言い始めた。どうやって測るんだそんなもん……。10段階評価とかか？

「うん。おれがレベル決める。お母さんは……普段、3くらいかな」

低っ！　……確かにドライであまり共感しないタイプではあるが。

「お父さんは6くらいで、Aくんは8で、Kくん10。先生も10かな」

なんだか人間レベルを測られているようで怖いのだが。

まあいいや。ともかく自由研究はなんとかなるだろう……というところでほっとしていたらさらなる問題が起きた。

子供の夏休みの宿題の面倒を見ていたパートナーがキレた。

「試験勉強に集中したい。去年はわたしが実家に帰ったんだから今年はあなたが帰って」ということで、今ぼくは子供とふたりで実家にいる。

なんだかんだで実家は楽だ。朝から親に子供をあずけて、こうして仕事をしている。地元が嫌いなので友達もいないし、ずっと家の中にいるだけなのだが、仕事をするにはちょうど良い。

この本のタイトルでお察しかと思うが、ぼくは「パパ」という概念が大嫌いである。世間が押し付けてくる、「親になれ」という圧力には徹底的に反抗し続ける。誰がなんと言おうと絶対にだ。

「マトモな親」というなんだかふわっとした小市民的で無害な存在になるくらいなら死ぬ。だからぼくは実家に帰る。夏休みは家族で楽しく！　などといった世間の空気はクソだ。ひとりで仕事がしたい。

フリーランスのお父さんがた。夏休みは奥さんを置いて、子供と一緒に実家に帰ってはいかがだろう。丸投げして仕事をしよう。
実家がない方々……お疲れ様です！　リスペクト！

追記
結局実家でも仕事ができず、そのあとブチ切れてまたパートナーと喧嘩になりました。
人間にとって、戦争のない世界は遠いということを子供に教えたいと思います。

子供のひとこと　5歳

子：きんたまは、心臓うごかしてるの？

父：いや、たぶん関係ないよ

子：きんたまは、なにをうごかしてるの？

父：なにも動かしてないよ

子：きんたまは、うごかしてないのか

謎の動力

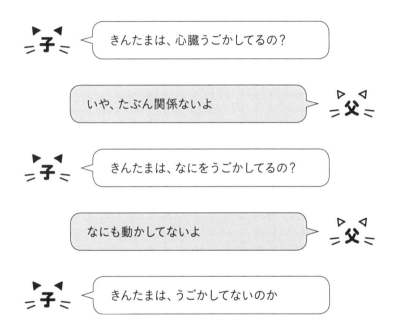

「三国志を読ませろ」
——最初に子供に受けさせるベストな教育

最初に教えるべき教科

ここのところ、夜寝る前に子供と漫画の三国志を読んでいる。

ご存じない人のために簡単に説明すると、三国志というのは古代中国が舞台の歴史群像劇であり、さまざまにキャラの立った武将たちがいっぱいいでてきて戦って死ぬ。

なぜそんなものを読んでいるのかというと、これはもちろん教育の一環なのである。

子供に教えるべき教科はいろいろあれど、まず最初に教えるべきは「歴史」だとぼくは考えている。

なぜなら、国語も算数も社会も英語も、歴史がわかっていればすべてをそこにつなげられるからだ。

どういうことか説明しよう。

ぼくは自分が勉強できないぶん、周りの人を観察して教育の指針を立てている。そこで気づいたのが、高学歴でバランスのいい人間ほど基本的な知識がしっかりしている事実だ。特に歴史における時系列が、かなりちゃんと理解できている。

土台があれば理解も早い

ぼくは雑学や経験によって得た断片的知識はかなり多いのだが、それを学問的にまとめるのが苦手だ。

その最大の理由は、「断片」をはりつけるべき「土台」がそもそも自分の中に存在していないことだ。

要するに、「年表」や「史観」が頭に入ってないので、雑学的知識を得ても、それが他のこととなかなかつながらないのだ。

逆に、これらが頭に入っていれば、断片的知識が整理されて世界の理解が進む。

まずはざっくりでいいので、全体の歴史を把握するのは大切だ（これは大人にも言える。たとえば欧米の世界史のスタンダードであるウィリアム・H・マクニールの『世界史』（上下巻、中公文庫）も、かなり網羅的に全体を俯瞰《ふかん》できるように描かれている）。

というわけでぼくは子供が6歳のころに、日本史と世界史を漫画でぜんぶ読み聞かせした。

いろいろ日本史漫画を読み比べたが、「角川まんが学習シリーズ『日本の歴史』全15巻＋別巻4冊セット」（KADOKAWA）が子供の食いつきが良かった。時代ごとに主役キャラを立ててるので子供でも理解しやすいのと、巻ごとの絵に個性がある。入り口としてはおすすめである。

世界史はそれに比べるとわかりづらい漫画ばかりだったのだが、こちらは集英社の「漫画版『世界の歴史』全10巻セット」（集英社文庫）を読んだ。

結果、歴史上のキャラクターがかなり身近になったらしく、『東大教授が教える　やばい日本史』『東大名誉教授が教える　やばい世界史』（ともにダイヤモンド社）などを楽しんで読むようになってくれた。

そんなある日、とあるニュースが報道された。

曹操と卑弥呼がつながった！

「曹操墓出土の鏡、大分の鏡と「酷似」　中国の研究者発表」

（朝日新聞デジタル、2019年9月8日）


中国の三国志時代の英雄で、魏《ぎ》の礎《いしずえ》を築いた曹操《そうそう》（155―220）。その墓から出土した鏡が、大分県日田市の古墳から戦前に出土したとされる重要文化財の鏡と「酷似」していることがわかった。


この報道を見ていた子供が、言った。

「あれ……卑弥呼が使者送った魏ってもしかして、曹操の？」

おっと、よく気づいた。

卑弥呼がもらった「親魏倭王」の金印の「魏」とは、三国志のキャラのひとり、曹操の作った国「魏」なのである。

「じゃあ卑弥呼は曹操と会ってたってこと？」

おしい。卑弥呼が外交したのは曹操の孫の曹叡《そうえい》である。

「へー、でも同じ時代でも中国と日本でかなりちがうなあ」

確かに。中国はめちゃくちゃ文化があったのに、その頃の日本といえばなんか原始時代よりちょっとマシくらいのイメージだ。

なんでだと思う？　と振ってみる。

「わかんない」

俺もしらない。

「しらないのかよ！」

最近ツッコミが強くなってきたのはともかく、この世界史における地域格差については、ジャレド・ダイアモンドという人が『銃・病原菌・鉄』（上下巻、草思社）という本で説明していて、結論からいうと土地が縦長か横長かで格差が出るらしいぞ。大人になったら読め。

というむちゃくちゃざっくりした説明をした。

かっこいい名前の数字

あるいは数学でもこんなことがあった。

大学院で数学の研究をしている友人が家に遊びにきたとき、子供がその院生に「おれちょきん無限円あるよ〜」と冗談で言ったところ、真顔で、

「無限が実数かどうかは議論の余地がありますね」

と返されて、本気で戸惑った顔を見せた。

「え……じゃあ一番でかい数ってなに？」

「グラハム数ですね」

子供は、かっこよさげな名前に圧倒され、

「……グラハム数……ってなに」

と聞き返す。

グラハム数というのは、「グラハムの定理」のなかに現れる数字で、どのくらいでかい数字かというと、この宇宙にある全素粒子が10の80乗くらいなのだが、それを全部インクに変えても印刷できないらしい。

その日からうちの子供はやたら「グラハム数」と言うようになった。

「グラハム数は1970年に発見されたんだよ。1970年って、アポロっていうロケットの打ち上げとか、俺の先輩作家の三島由紀夫の割腹《かっぷく》自殺とかがあった年」

と言うと、

「わりと最近できた数字だなー、グラハム数より大きい数字がすぐに見つかるかも」

となんだか納得していた。

とはいえ、歴史の教育は難しい

と、まあこんなふうに日本史と世界史がある程度わかっていれば、他で得た知識をそこに接続することが可能になります。

全国のみなさまも、ぜひ子供に歴史漫画を読み聞かせしてあげてください。

問題は「歴史」について踏み込むと政治思想やナショナリズムのややこしい問題になっていくので、このへんのバランスをどうとるかですが、そこも三国志でなんとかなります！　なぜなら今はそれぞれ別の視点で作られた三国志マンガや小説があって、蜀《しょく》視点で見ると魏は悪者だけど、魏から見ると蜀が悪くて……というように「歴史は人が作る物語であって事実ではない」ということが理解できるのです。自ずと相対的な視点が手に入ります。

『パパいや、めろん』はリベラルです。

追記
現在は、みなもと太郎『風雲児たち』（リイド社）を読み聞かせしています。幕末を語るには関ヶ原からはじめなくてはならない！　という壮大なスケールで描くギャグマンガですが、三国志よりバトルが少ないのでなかなか進みません。子供は、長崎が日本の最先端だと思っています。

「離婚に至る4つの大罪」
――離婚された男の話

「ウチの元夫のこと書いてください」

夏休みに関西に帰り、何年かぶりにサラリーマン時代の同僚女性に連絡をしたら、最近離婚をしてコンビニでバイトをしながら実家で子供を育てているという。ちょうど育児関係のエッセイを書いているという話をすると、

「ウチの元夫のこと書いてくださいよー」

と言われたので、詳しく聞いてみたのだが、これがかなり身につまされる話だったため今回は「離婚」について書いてみたい。

オレやることないよね?
帰るわ
えっ
今日演劇見に行くから
♪
今からピクニック…
せんとうって高くない?
お金もったいないよ
いくー
友達の飲み屋に出資した!
絶対もうかるから!
NOOOOOo....

マッチングアプリで知り合って結婚

彼女が結婚したのは7年前。30歳のときだ。無職でヒマだった時期にはじめたマッチングアプリで知り合って仲良くなったらしい。夫はインドア派で、遊び人でもなく、熱中している趣味もなく、基本的には優しくて、「さらっとしてる人」だったという。仕事は中古車の営業マン。とくに悪い印象もなかったので付き合い始めて、その年に授かり婚。

そして7年で離婚するわけだが……それまでに4つの大きなきっかけがあったという。

まずは子供が生まれたときのエピソード。

その1　無関心

病院での出産のとき、彼女が陣痛で苦しんでいるにもかかわらず「俺やることないよね」と言って帰り、生まれてから数時間後にふらっと来てまた帰っていった。退院して彼女が自宅へ帰るときにも、「その日は忙しいからタクシーにのって自分で帰ってきて」と言って放置された。

もちろん彼女はキレたが、あまりわかっていないようだったという。

「赤ちゃんを育てるより、夫をいまから父親に育てるほうが大変……って絶望しました」

でた「夫を父親にするのが大変」。この台詞……世の奥様方からよく聞く話であり、「パパいや」なぼくも他人事ではない。

その2　自己中

子供が2歳くらいになったときのことだ。

ある日曜日、彼女は節約のためにお弁当を作って子供を連れて公園にピクニックに行こうとしていたが、その日になって夫が、「俺、今日演劇見に行くわ」と、一人で演劇を見に行ってしまった。

残された彼女は公園でひとり、子供を遊ばせて弁当を食べながら泣いた。

「このときは悲しくてもうなにも言う気が起きませんでしたよ。でもまだ離婚までは考えてなかったかな」

子供が3歳くらいになれば、夫も父親の自覚がでてくるだろうと楽観視していたという。

そして……。

その3　ケチ

子供が3歳になったある日の休日、彼女は子供といっしょに銭湯に行こうとしていた。そこへ夫が帰ってきたので、一緒にどうかと誘うと、彼はうーんと唸って、

「銭湯って高くない？　お金がもったいないよ」

と言って、400円を渋ったのである。すっかり銭湯に行く気だった子供は泣き出し、彼女は惨めな気分に打ちひしがれた。

「専業主婦だからお金のこと言われるとどうしようもないんですよ。罪悪感もあるし。でも今考えると完全に経済的モラハラですよね」

モラハラは主に「経済的」「精神的」「肉体的」の3つの種類があるが、男はたいてい気づいていない。「鈍感」というのも、モラハラのひとつかも知れない。

そして最後、

その4　見栄っ張り

ある日、夫がキレた。彼女のランチ代が高いというのである。

たしかに近所のママ友と週に1回か2回ランチに行っていた。月にすれば5000円くらいの出費である。専業主婦の負い目もあり、しょうがないなと思い、彼女はそれからママ友とのランチは控えるようになった。

ところが、ある日のことだ。

夫が「駅前にできた友達の飲み屋に出資した」という。聞けば最近知り合った友達に絶対儲かるからと言われたらしい。怪しいと思ったらやっぱりすぐにお店は閉店。出資したお金は帰ってこず。そのせいで家計が苦しくなり、彼女は働き始めた。反対に夫は仕事をやめた。

「あ、この人ヤバいな、ってこのへんで気づいたんですよね」

気づくのが遅すぎる……。

「直接的なDVとかはなかったたし、そのうち父親の自覚でるかなーと思ってたんですけど。これはもう無理やなーと」

「他人事じゃねえな……」とつぶやく理由

話を聞き終えて、「他人事じゃねえな……」とつぶやいてしまった。

この夫が犯した「無関心」「自己中」「ケチ」「見栄っ張り」という、「4つの大罪」はたしかに重い。

しかし……同じ男であるぼくにも覚えがないわけではない。

彼女の話を一方的に聞いただけなので、夫が本当はどう考えていたのかわからないが……たぶん、彼に悪意はない。話を聞く限り、この4つの大罪は実は冤罪《えんざい》……と言わないまでも、執行猶予《ゆうよ》がつく可能性がある。

その1　無関心

この無関心エピソードだが、詳しく聞いてみると陣痛中に彼女はイライラして、「もう帰って良いよ」と言ったらしい。これがポイントだ。

この夫のようなタイプは、あまりものを深く考えていないので、言葉の裏を読むことをしない。彼女の言葉をそのまま受け取ってしまった可能性がある。

その2　自己中

この状況も詳しく聞いてみると、前日に「演劇行こうよ」と誘われて、彼女が「明日は公園行く予定だよ」と返したそうだ。ということは……夫の頭のなかでは「あ、そうか、彼女は用事があるんだな。邪魔せず俺一人で行こう」と変換されたのである。

「は？　なんで？　頭おかしくない？」と思うだろう。いや、おかしくはない。なぜならおそらく彼くらい父親の自覚がない人間は、そもそも家族という単位に自分を入れていない可能性がある。こういうタイプは、無理矢理子供と二人きりにさせないと自覚が芽生えない。

その3　ケチ

単なるケチエピソードと思えるが、ぼくの見立ては違う。これはかなり父としての自覚が芽生えている。自分がすべての面倒をみなくてはいけないといううっすらとした不安から、突如として緊縮財政を発動させてしまっているのだ。つまりこれは家族の一員として経済観念が発達してきた証拠なのである。悪いことではない。問題は発動するタイミングがおかしいことだ。

ぼくの経験上、家計簿などをつけているとこれが起きやすい。そのままにしておくと頭がおかしくなるので、やめさせよう。今に集中して楽しいことを考えさせた方が良い。

その４　見栄っ張り

これも前述したように緊縮の行き着く先である。そう、人は節約したあと、お金を増やすことを考える。そして失敗するのである。ぼくから見ると、この時点で彼はかなり父親としての自覚があったのでは、と思える。出資も、見栄ではなく本気で「イケる！」と思っていたのだろう。失敗したあと、彼女が仕事をはじめて、彼が仕事をやめたのはおそらく彼なりの反省パフォーマンスだったのだ（実際は自殺行為だったのだが）。

つまり彼は、ある意味で裏表のない純粋な人だったのである——というような話をしてみたのだが、彼女に、

「今の話みたいな心理だったらそれ……完全にヤバいやつですよ……別れて良かった」

と言われた。

いやいや！　違うよ！　俺も似たような経験あるからわかるんだよ！

そう言うと、彼女は、

「めろんさんも慰謝料準備しといたほうがいいですよ……」

と言い、冷たい目で去って行った。

……世の中の奥様方たちとの深い溝を埋めるために、『パパいや、めろん』は存在しています。

追記
幸い、まだ慰謝料を払うような状況にはなっていない。

「怒りを鎮めろ」
――キレる子供のアンガーマネジメント

子供が泣き叫びはじめた

ある日、子供がううう！　とうなりながら貧乏揺すりをはじめ、床にころがって「うがああ！」と泣き叫びはじめた。

机の上に散乱する算数や国語のドリル……そうなのだ。ついに子供の勉強嫌いが炸裂したのである。泣く子供、怒る母親……なんという既視感のある場面。

ぼくも小学校の時こんな感じだったなあ……。

小学校になると出る宿題。１年生のころは新鮮だから良かったものの、ウチの子供は2年生にもなると飽きてきたのか、サボり癖がついてきた。

確かに子供にとって勉強は地獄だ。基本的に座っているだけでもつらい……キレるのは仕方ないのかも知れない。

だがしかし、毎回キレる子供を見るのは親にとっても苦痛である。

子供のときってどうしてたっけなあ？　なんか怒られて説教されて終わりだったような気がする。あれって不毛だったなあ。

そう、不毛な因果を断ち切るため、親子はもっと建設的な話し合いをすべきなのである。ということで、今回は、ぼくがやっている子供のアンガーマネジメントについて紹介したい。

大事なのはなぜ怒っているかを知ること

子供に限らず人間にはキレポイントみたいなものが必ず存在する。子供を観察していると、みんなわりと似たようなポイントでキレる。

たとえばウチの子供は、定められたルール以外のことをやらされたり、自分のペースを乱されることに過剰に怒りを覚えるのだが、これはそれほど珍しくはない。

公園などで他の子供を観察していると、ヤンチャな子も、頭ではルールを守らなければいけないと思っているし、ペースを乱されるのは嫌いだ。

ともかく子供はキレる。

それはいい。そのときに大事なのは、自分がどういう理由でなぜ怒っているのかを言語化することである。

というわけで、まあまあ落ち着けと肩をつかみ声をかける。

「おれの目を見ろ！　深呼吸しろ！」

戦争映画で死にかけてる兵士に話しかけるスタイルである。本格的だ。

落ち着かせるために母親がいない部屋に行き、ベッドに寝かせる。そして、紙とペンを準備する。

「俺はさっき、母ときみが喧嘩をしていた理由がわからないので説明してくれ」

そううながすが、子供はなかなか自分の気持ちを言葉にできない。

ここで重要なのは言葉ではなく絵である。関係図を書いて、何が起きているのかを見える化するのだ。

「まずここにきみと母がいる。ここできみが暴れた原因なのだが。これが知りたい」

「イライラしたんだよ……」

「なるほど。イライラ、と書いて……じゃあこいつを絵にしてポケモンみたいな名前をつけようぜ！」

「イライラでいいよ……」

「そうか……そうだな！」

こういうときの親は調子に乗りがちなので気をつけよう。

ここはこうだ、ここはちがう、ああだこうだ……と、じっくり話しつつ問題を図にしたものがこれである。

おわかりだろうか。

うーん、さっぱりわかんねえ……。

あ……5分ほどよく見るとなんとなく解読できた。

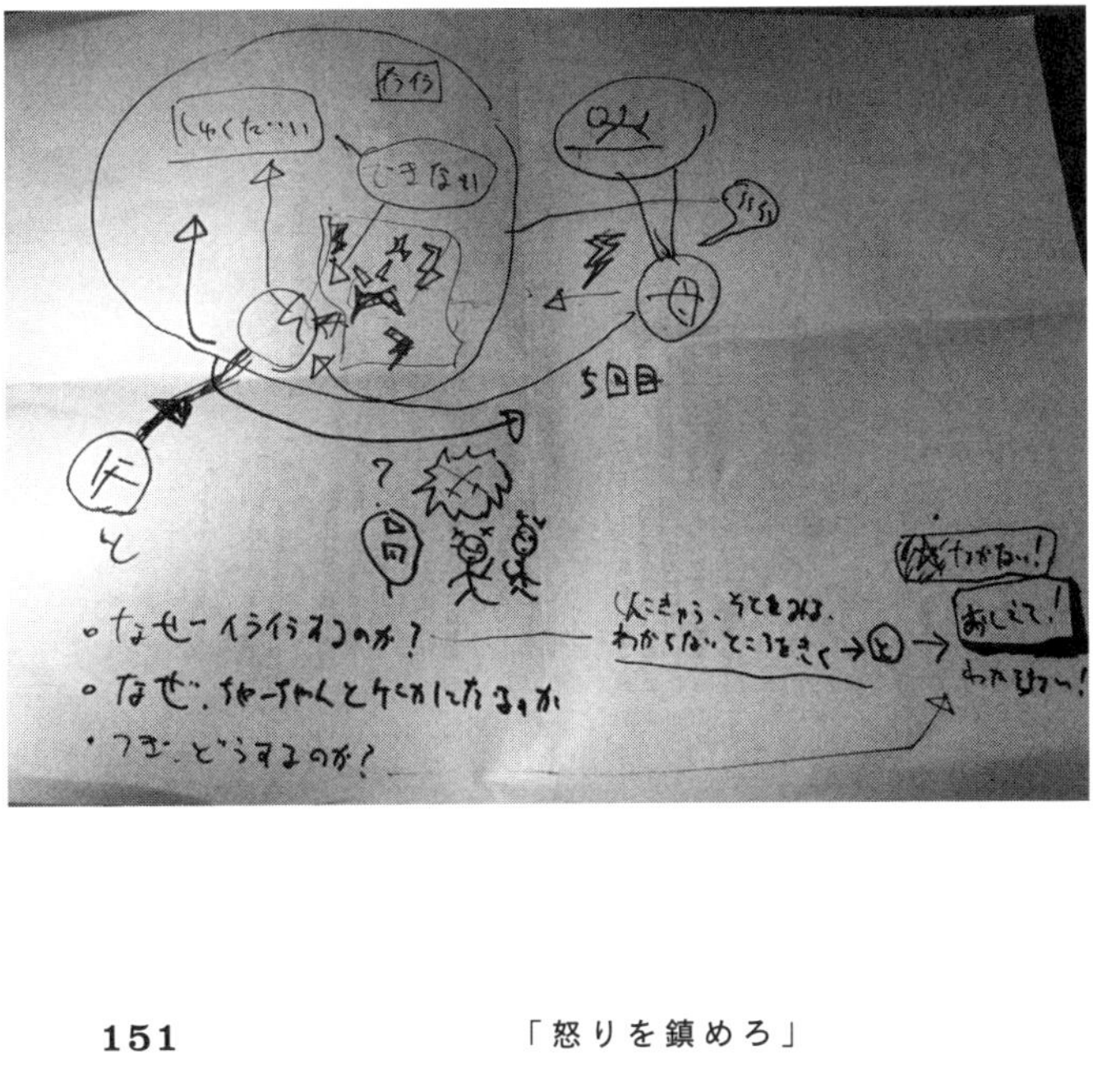

・なぜイライラするのか
・なぜ母とケンカになったのか
・こんどからどうするか

この3つがまとめられている。

要するに宿題ができなくてイライラしていたところを母に注意されて爆発したということだった。

見たまんまである。

今後は「しんこきゅうする　そとをみる　わからないところをきく」。

具体的アクションとして「泣かない」、「『おしえて』と言う」。

ということで、この紙を母に持っていって経緯を話すということでまとまった。

最後に、感情を持つことは悪くない。イライラするのも自然なことである。ただ、表現の仕方には良い悪いがある。心の中にあるものはそれでいい。どんな感情だろうとそれは大事である。それを外に向けて出すときに、どういうふうに出すかだけだ。

……という話をしたのだが、たぶん2割くらいしか理解できてないだろう……だがしかし、なんとなく雰囲気は伝わっただろう。伝わったと信じたい……。

ちなみにここまで話をまとめるのに2時間近くかかっている。

暴力は絶対にダメ

数年前に、哲学者の東浩紀《あずまひろき》さんと「子供を怒る」ことについて話したとき、「子供は言葉じゃなくて、メタメッセージ（言葉じゃなく雰囲気）のほうを読み取るから対話が難しい。それを終わらせるには言葉の外——暴力を使えばいい。だけどそれだけは絶対やってはいけない」

ということを言われて、これは本当にその通りだと思っている。

子供を叱るときに一発殴れば話が早い。

でもそれでは子供は馬鹿になる。

なぜなら、問題について考えずに、単に暴力をふるえばいいとしか学習しないからだ。

原因、経緯、対処法、これを具体的に探って言語化、図式化することでしか問題は解決できない。根気よくそれを示すことで子供の思考が育ち、ひいてはアンガーマネジメントにつながるのではないだろうか。
少なくともぼくはそう信じている。

追記

その後もうちの子供はよくキレる。

毎回、理由を聞いてみるが説明してくれない。いや……たぶんわかっているはずなのだ。わかっているに違いない！

あの2時間は一体……現実の前に言葉は常に無力である。

子供のひとこと　6歳

子　Tくんがなぐってくるんだよね

父　うーん、正当防衛だから殴り返したらどう？

子　暴力をつかいたくないんだ。ほかのほうほうある？

父　話して仲良くするとか？

子　たまに仲良くできるよ。でもおれTくんとともだちになりたい

父　彼はなぜ殴るの

子　ともだちがいないんだよ、だからおれがともだちになればいい

父　友達にはどうやったらなれると思う？

子　信頼関係だな

＼ポケモン？／

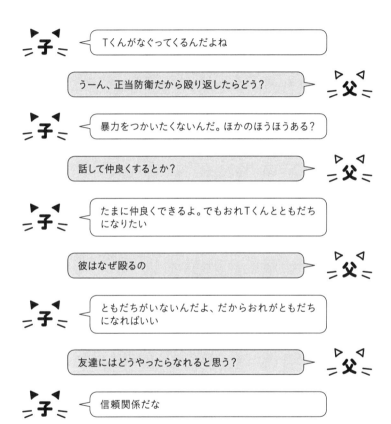

「公園はデジタル空間にある」
――現代の子供たちの遊び場

「子供を外で遊ばさんといかんで」

インフルエンザの予防接種を受けるために訪れた病院の待合室でのことだった。

おとなしくゲームをしていたうちの子供を見て、見知らぬ老人がぼくに話しかけてきた。

「あんた、子供にゲームばっかりやらせとらんで、外で遊ばさんといかんで」

突然の説教口調に戸惑っていると、

「このくらいの歳だとボール遊びとか、かけっことかさせんと」

と続ける。

思わず、「大丈夫です！　やってます！　ゲームのなかで！」と言いそうになったが、

子どもにゲームばっかりやらせとらんで外で遊ばさんといかんで
ピロロン
ピロロロロン
ピロン
シャリーンリーン

面倒なことになりそうなので、

「いやー、でもおじいちゃん、最近はそういうの難しい時代なんですよ」

とお茶を濁《にご》したのだが、よくわからんという顔をされた。

確かにおじいちゃんの言うことも理解できなくはない……だが、本当に時代が違うのである。


帰ってくるなり玄関にランドセルを投げ捨て、「いってきまーす！」と、元気よく公園に出かけていく子供。その背中に投げかけられる「宿題やったの!?」という母親の言葉もむなしく、日が暮れるまでサッカーや野球や鬼ごっこをしては泥だらけで帰ってきて「もう！　こんなに汚して！　はやくお風呂に入りなさい！　宿題も終わってないでしょ」なんて怒られながらも、夕食を家族みんなで囲む……。

おじいちゃんの想像する昭和的風景は、おそらくこのようなものだろう。

しかし……残念ながらこんな風景は令和には存在しようがない。

ボール遊びも遊具も禁止で遊べるか

先日あるネットニュースが話題になった。

ボール遊びや遊具が禁止になった公園についてのツイートに、いろいろな人からの反響があったという記事だ。どうもコメント欄を読んでいると、多くの人が高齢者やクレーマーの度を過ぎた神経質な対応に怒りを覚えているらしい。が……都内で子育てしている親ならあまり驚きもしないだろう。ぼくも「なぜ今頃この話題が……」と思った。なぜならもう10年近く前からすでに都内の公園や団地の中庭ではボール遊び禁止のところがあったし、大声がうるさいという苦情もネットでよく出る話だったからだ。

ぼくは4年前に九州に引っ越したが、こちらの公園でも、都内ほどではないにしろボール遊び禁止の公園がある。特に市内。逆に田舎は土地が余っているせいか、おおらかというか無頓着だ。

ともかくいまの子供たちは公園で遊ばないのではなく、遊べないのである。この状況で体を動かそうとすればスイミングスクールやサッカー教室などの習い事に通わせるしかない。

しかし、習い事も毎日あるわけではない。それ以外の時に子供たちはどうやって遊んでいるのか？　当然ながらゲームをやるしかない。

令和に生きる小学生の日常

令和に生きる小学生の日常はこうである。

「ただいまー！」帰って来るなりランドセルを投げ捨て、まずは宿題を終わらせる。塾の宿題は朝終わらせているので夕方は学校の宿題である。それが終わるとマイクつきのヘッドセットをつけてテレビの前のＮｉｎｔｅｎｄｏ Ｓｗｉｔｃｈをオン。ネットに接続。ゲームソフトを起動。

「〇〇くんいるー？　きこえるー？　今日はなにする？」

ネットを経由して数人が会話しながらゲームをすすめる。そうしてしばらくして、

「あ、そろそろご飯だから切るねーまた明日」

これだ。

そう、令和の小学生の遊び場はすでにインターネット内のバーチャル空間なのである。我々大人の世代にはフィクションだった光景が今は普通にそこにあるのだ。試しに「コロコロコミック」を読んでみるといいだろう。今そこでポケモンやカードゲームと同じように特集されているのは、アメリカのEpic Gamesという会社が作っている基本プレイ無料ゲームの「フォートナイト」である。

ぼくの家では休日に親子でアスレチックに行くかわりにふたりで「フォートナイト」をプレイしたり、あるいは友達と公園の砂場で遊ぶかわりに、東京にいる友人親子とぼくら4人で「マインクラフト」をマルチプレイすることもある。

おじいちゃんだって外で遊べないのかも

こうした状況が良いのか悪いのか、正直言ってぼくにはわからない。ただ、ぼくらが小学生の頃、大人たちが嫌っていたファミコンや漫画がいまとなっては日本を代表する立派なコンテンツになっている例を忘れてはいけない。

少なくともぼくは、あのころゲームや漫画を馬鹿にした大人への憎しみをいまだに忘れていない。

そんなことを思い出していたらだんだん腹が立ってきて、老人になにか言いたくなってきた。じっと見ていると、不穏な空気に気づいたのか、老人はぼくから目をそらし、ゲームをプレイしている子供の横に座った。そして、おもむろにスマホを取り出し、画面をフリックしはじめる。

さりげなく画面を確認すると、「ツムツム」をプレイしていた。

おじいちゃん……公園でゲートボールやったほうがいいよ……！

そんな言葉がこみあげてきたが、あえてぼくはなにも言わなかった。

そういえば最近は公園でゲートボールする高齢者も少なくなった。「高齢者の声がうるさい」と言われ、ぼくの知らないところで彼らも場所を奪われているのかも知れない。ヴァーチャル世界にも現実にも居場所がないとしたら、高齢者のほうが子供よりも辛い可能性だってあるのだ。高齢者相手にスマホ教室なんてやってる場合じゃない。孫とコミュニケーションがとりたければ、高齢者たちはいますぐ「コロコロコミック」を読んで、「フォートナイト」をやるべきである。

いつか子供とぼくとおじいちゃんでチームを組んで「フォートナイト」をプレイする未来を夢見て、ぼくらは病院をあとにした。

追記

最近ではぼくが下手すぎて、「ひとりで練習しといて」と言って子供が「フォートナイト」を一緒にやってくれない。高齢化しつつある自分を感じているので、ゲーム実況動画を始めようかと思っている。

「哲学的すぎる」

——子供と言葉と物語

子供と接していると、日々のなかでいろいろな発見がある。とくにぼくの仕事である「言葉」と「物語」については。

子供と言葉

子供が生まれたら、言葉を獲得する瞬間を観察しようと思っていた。言葉を話せない生き物が、どのように言葉を覚えて、それを自由に操れるようになるのかがわかれば、ぼくらが使っている「言葉」の謎がとけるのではないだろうか——そんなことを考えたのである。

0歳のころから慎重に観察し、話しかけていると、1歳ごろに喃語《なんご》といわれるうめき声のようなものから意思を感じるようになり、2歳ごろには文節化された言葉を話すようになっていた。育児書などを読むと、個人差はあるものの生後24ヵ月くらいから爆発的に語《ご》彙《い》が多くなるというが、そのデータのとおりだった。

しかし、それらはグラデーションのように境目がなく、結局ぼくは「子供が言葉を獲得する瞬間」というものを見ることはできなかった。

幼児とのコミュニケーション問題

子供が2歳くらいのころだ。言葉をおぼえたての彼はときどき保育園の人間関係について「○○くんが○○した……」と、悩んでいることがあった。この時期から人間関係に悩むのか……人間つらい。

子供には、ああすればいいんじゃないか、こうすればいいんじゃないかと、アドバイスをするわけだが、言葉で言ってもこの時期の子供はほとんど理解できないので、言ったあとに演劇スタイルでロールプレイすることにした。例えばこのような具合である。

――どういう状況だった？　やってみて。

（状況再現）

――次に同じことあったら、自分の感じてることをおしえたほうがいいと思うよ。

「やめろ！　いやだ！」

――そうそう。いいじゃん。怒ってるぞ、って教えることが大事だから。じゃあ次はきみがそのKくんね。

（立場を入れ換えて再現）

――どんな感じがした？

というように、他者の気持ちを想像するのではなく、他者を演じることで、自分自身が他者になってみるのだ。

後に知ったのだが、イギリスの幼児教育現場では、子供たちに感情表現を教えるために演劇的な要素が取り入れられているという。言語だけではなく、表情やボディランゲージなどで意思や気持ちを伝えることを、はやいうちから子供に教育するのである。欧米は多民族国家なので、そうした誰でも理解できるような表現を学ばないと、コミュニケーションをとるのが難しいのだろう。対して日本は、昔から察するとか、空気を読むというコミュニケーションが得意である反面、大げさでわかりやすい感情表現などは苦手な印象がある。

これを毎日やっていると、なんだか言葉でごちゃごちゃ言うよりもこっちのほうが子供に理解されてる気がしてきた。

一般的に子供の気持ちを言語化させるのは良いことだと思われているが、それは大人の側の論理でしかなく、子供にとって良いことだとは思えなくなってきた。

言葉と現実

大人は言葉の世界をあまりにも重視しすぎる——そう思った事件があった。

ある夏の日、保育園の帰り道、子供とふたりで炎天下を歩いていたときのことだ。

「暑いな」と、ぼくが言うと、

「影にはいればいいじゃん」

と子供が言った。

あたりにはいれるような大きな影がなかったので、「影、ないじゃん」とぼくが言うと、彼はぼくの影を指差して、こう言った。

「自分の影にはいればいいじゃん」

「どうやって……はいればいい……?」

ぼくが言うと、子供はしょうがねえなという顔をして、

「じゃあ、おれの影にいれてあげるよ」

と自分の小さな影をこれまた真顔で指差したのである。

ぼくは深く感心した。


暑い↓影にはいれば涼しい↓影がある↓はいればいい

文章としてはまったく問題はない。問題は、現実にそれができないことだ。人は自分の影にははいれないし、自分より小さな影にもはいれない。

子供の世界では「言語」の世界と「現実」の世界が一致しておらず、少しズレているのだ。

大人たちは子供のこうした言動を見たときに、言語と現実を一致させるために間違いを

正す。だがしかし、ぼくはあえて子供にこう言った。

「影にはいったら黒くなるからやめておこう」

それを聞いた子供は、先にすたすた歩いて行った。

無視か……。

子供が大人の言語をあやつるよりも、大人が子供の言語をあやつるほうが遥かに難しいのかも知れない。

子供と物語

「言葉」に続いて、「物語」についてだが、これまたぼくは子供が「物語」を語り始める瞬間をとらえようと観察していた。

2歳にならないくらいの頃だったと思う。「たあた（父）」「ちゃーちゃん（母）」「あっち」「そっち」といった単語を口にしはじめた頃、ぼくは「これをあっちに持って行って」とか「これをあの人にわたして」といったことを子供に依頼するようになった。

モノを誰かに届ける、という行為が面白いらしく、飽きることなく部屋の中で一日に何度もそれを繰り返す様子を見て、ぼくは気づいた。
「あ……これって物語の原型じゃん」と。

かつてロシアで昔話の研究をしていたプロップという学者がいた。彼が分類した物語のパターンのなかでもっとも原始的なものが、誰かに頼まれてお使いに行って帰ってくる――要するに「赤ずきんちゃん」――パターンである。これはあらゆる国の昔話にあらわれる形式で、プロップによる分類には他にも「禁止を破る」(鶴の恩返し)、「行って帰る」(浦島太郎)、「道具で別のものになる」(姥皮《うばかわ》)というものがあるが、面白いことにぜんぶが子供の行動パターンとそっくりなのだ。

子供はまず危険なことを禁止されるが、何度もそれを破る。家の中では見える範囲から見えない範囲に行き、すぐ戻ってくることを繰り返す。道具があればなにかに変身し、毛布をかぶって姿を消したふりをする――昔話の原型そのものがあらわれているのである。

いや――そうではない。逆だ。

子供の行動に昔話のパターンが現れているのではなく、昔話のほうが子供の行動をもとに作られているのだ。子供の行動パターンは、人間が持っている根源的なクセのようなものであり、昔話は無意識にそれをもとに作られたと考えるほうが自然だろう。

さらに、保育園で昔話を読み聞かせられるころになると、子供のほうでもだんだんと言葉をつかった物語を語り始めるようになった。こんな話だ。

昔話

昔々　ほしのあかちゃん
おつきさま
おとうさんおつきさまと　いるけど
でも
ほしは　ほしじいじもいます
だから　いっぱいいるから
ゆうえんちに　いきます
そして　ゆうえんちでおべんとうをたべました

わにとか　ぱんだ　きりん
みました
あとは
でも
いちばんみなかったのは
にわとりもいましたけど
ぶたはみてないので
ぶたをみにいきました

たどたどしいながらも、形式としてまず「昔々」があって、それから主人公がおり、どこかへ行く、というパターンの萌芽《ほうが》は見られる。

人はなぜ物語をつくるのだろう。

原始的な娯楽としてはもちろん、物語というのは人間にとって、一番処理しやすい形の情報でもある。複雑な現実でも、筋が通った物語として語られることで、なんとなく納得してしまう。理解できない事件や事故に因果関係を見いだす。

そして大人は、理解できない子供の行動に、もっともらしい理由をつけるのである。
人間の行動や思考のパターンというのは、幼児の頃からたいして変化しないのかも知れない。

追記

ちなみに6歳くらいのときにまた物語を作ってもらったら、全部バトルもので、まったく物語要素がなかった。しかし、自分も小学生のときは毒サソリVS.毒ヘビとか、カブトムシVS.クワガタとか、そういうことしか考えていなかった……なぜ昔話にバトルものがないのか、誰か研究してほしい。

「これまでの人生はどうでしたか」——子供が語る子供としての人生

子供が生まれたとき、とある本の影響で、毎年本人にインタビューをしようと考えていた。

『子どものことを子どもにきく』杉山亮（新潮OH！文庫）

作家の乙一《おついち》さんに「これ、面白いですよ」とすすめられて知った本である。内容は子供のことを記録したインタビュー集で、毎年1回、息子が3歳から10歳になるまで、合計8回ぶんのインタビューが収められている。著者の杉山さんは、児童書「ミルキー杉山」シリーズの作者でもある。

「人間の頭の中にはなにが入っていると思う？」という問いに「毛玉が入っている。残りが少なくなると白くなるから、白髪になる」など……子供の返しがあまりにも面白く、子

ハンバーグ
パン
おともだち
アイス！
ガイム
ラーメン
ゲーム

供にまったく興味がなかったぼくも感心させられた。

子供はどういう世界に生きているのだろうか？　毎年変化しているというが、どのように変化しているのだろう？　好みや性格はどの程度変化するのだろうか？　様々な疑問があったので、会話ができそうになってきた1歳から今まで、子供へのインタビューを記録してきた。

まずは読んでいただきたい。

■1歳

——名前を教えて下さい。

「ぐぶーざん、どない？　あーぐじぐじぐじぐじ」

——すきなたべものはなんですか？

「ままうまーあそこ！　だんちゅーうぅあー」

——ありがとうございました。

■2歳

――名前を教えて下さい。

「うみねこざわたろうです（※仮名）」

――なんさい？

「にさい」

――どこに住んでますか？

「おうち」

――どこにあるの？

「ここ（机を叩く）まだたろちゃんアイスあるよー」

――好きな食べ物はなんですか？

「うどんとかコロッケとアイス（※今日食べたもの）」

――あとは？

「あとはなにも食べてない。ハンバーグとかね、カレーとかいっぱい食べる」

――今日楽しかったことはなんですか？

「（アイスを食べながら）いっぱい……なんかたのしいこといっぱいあるから（笑顔）ほいくえん」

――好きな絵本はなんですか。

「しんかんせん」

――仲の良いお友達はだれですか？

「Kちゃん」

――好きな先生は？

「Mせんせい」

――好きな遊びはなんですか？

「くるま」

――くるま？

「いっぱい（はしっていく）、けん」

――けんってどんなあそび？

「えいってたたかうやつ」

――だれとだれが？

「かいじゅうになった。（空中にむかって）やっつける。えいきしー。がったい！　どっちがおっきい？」

――いちばんほしいものってなに？

「アイス」

――ありがとうございました。

■3歳

――名前を教えて下さい。

「うみねこざわたろう」

――なんさい？

「3さい」

――食べ物はなにが好きですか？

「パンです」

――最近楽しかったことは？

「うーん、うーん、わかんないなー。鎧武になってる」

――鎧武じゃないときはなにをしてるんですか？

「鎧武じゃないときは、でんぐりがえし」

――でんぐりがえしかあ。あなたは、たろうさんじゃないんですか？

「ちがう。鎧武だおれは」

――たろうくんは……。

「ちがうもうちがう。鎧武にかわったんだ」

――いつから鎧武に？

「へんしんいくぞ」

――何歳くらいから鎧武になったの？

「3さいぐらい」

――ここ最近ってこと？　なぜ鎧武になれたんですか？

「うーん、だってね、ロックシードつけたから」

――鎧武になるコツってありますか？

「ロックシード！　だれでもなれる。あ、キワミロックシードないよどこいった」

——好きな場所はどこですか。

「ラクーアとかね。上野動物園とか。上野公園とか。ラクーアがいちばんで、あとはトッキュウジャーショー」

——それ、ラクーアだね。

「いいんだよ」

——あとは？

「あとはー仮面ライダーショー」

——あとは？

「あとはー、うーん、えーとえーと、あとはもうないよ」

——算数とかやんないの？　面白いんだけど。

「算数だいっきらい。へんしんすんのがだいすき」

——国語は？

「国語もすきじゃない」

——たまにやってる囲碁は？（この頃、囲碁をすこしやっていた）

「囲碁なに」

——将棋は？

「しょうぎも」

——オセロは？

「オセロもあんまり」

——パン。

「パンはだいすき」

——おこめは？

「おこめもだいすき」

——どっちがすき？

「おこめ」

——今日の晩御飯なにがいい？

「とりにく、ごはん、おにくとごはん。みそしるもだいすき。サラダだいすき」

——なるほど。

「ねえ、へんしんしてかいじゅうやっつけようよ」

——ありがとうございました。

■4歳

――お名前は？

「うみねこざわたろう」

――好きな食べ物は？

「お肉とご飯。納豆ご飯とふりかけご飯とお肉と人参とキャベツです。それだけですね。春雨も好きですね」

――最近楽しいことは？

「すべり台とかブランコとか、保育園とかです。それだけです」

――好きな色はなんですか？

「むらさきとかあかとか、むらさきとみどりと、はいいろが、それだけですね」

――生まれる前、お腹の中のことは覚えていますか？

「たろちゃんにも、あかちゃんうまれるかもね」

――覚えてる？

「こども、うまれてきたらなまえつけてあげてね」

——かみさまっているとおもう？

「かみさまってだれ？　かみさまのあかちゃんってだれ？」

——嫌いなものはなんですか？

「サラダすきだし。えっときらいなものはね、えーっと、えほん。しんどいことがいやだ」

——しんどいことって？

「しんどーいっとおもったら、しんどい」

——ありがとうございました。

■5歳

——お名前は？

「うみねこざわたろうです」

——なんさい？

「5さい」

――好きな食べ物はなんですか？

「ハンバーグとステーキ」

――好きなお菓子は？

「ラムネ、イチゴラムネ」

――イチゴアイスも好きですよね？

「いちばんたべられるのは、ラムネ」

――いちばん？

「いちばんおかしですきなもの？（机にあるお金を見つめる）」

――お金が気になってるね。

「おれももらってる」

――お金数えられますか？

「うん」

――お小遣いは、いくらくらい持っているんですか？

「1円を10個か……じゅっこか………いまなんていったっけ？」

――お小遣いいくら持ってる？

「1円を10個か、12個か、11個」

――11円か、12円ってこと？

「わからない……5円も入っていたと思う。あれ（財布）にいっぱいはいってたとおもう、10円玉」

――好きな遊びってありますか？

「みずをかける、ばっしゃーん」

――保育園で悩みはありますか？

「あります」

――えっ、どんなの？

「えーっとおともだちに……いやなことされる」

――どういうこと？

「Kくんとかに、ちゅーされる。いやだ」

――ちゅーしないでっていいましょう。好かれてるんじゃないかな？

「大丈夫だよ。コートきてれば大丈夫だ、まもれる」

――そっか……。大人になったらしたいことありますか？

「いっしょう、しません」

――なにもしたくないんですか？

「アイスを、たべます」

――アイスを食べ続けますか？

「いや」

――好きな遊びはなんですか？

「やー！」

――けんごっこですか？

「うん！」

――楽しかったことありますか？

「ありませんかなー」

――ないですか？

「Jくん、まえはね、ともだちじゃなかったけど、ともだちにしようかなーとおもったけどやめた」

――ああ、保育園の話ね。ともだちにしてあげなよ。

「なんで？」

――仲間はずれにされたら嫌でしょ。人にやられて嫌なことはしないほうがいいよ。

「だってつよそうだもん。じゅうぶんいるんだよつよいやつは」

――どういうこと？

「もう、じゅうぶんいるんだよ、つよいやつは。ふたりくらいいるから、もういいかなーっとおもって、もういいかなーっとおもったりする」

――でもさ、みんなであそべばいいじゃん。仲間はずれは悲しいじゃん。

「うん。そうだね」

――みんなともだちいる？

「いるね。ともだち。ひとりであそぶとつまんないしね」

――いろいろ保育園の人間関係あるんだね。ともだちといるほうがおもしろい？

「うん」

――水泳を習ってるけど、それは楽しいですか？

「うん。でもひとりになるときもある」

——水泳？

「ううん」

——ああ、保育園ね。でも、ひとりで遊ぶのも面白いよ。

「いやだ。でもひとりであそぶときもある。そんときはともだちがあそぼっていってくる。あんまりそういうときはない」

——人間関係って大変だね……でも頑張ってるね。ありがとうございました。

■6歳～7歳
この期間はぼくが忙しかったため、そのときどきで会話を記録している。その模様は本書のなかで書いた。

■8歳
——お名前は？

「海猫沢太郎」

——何歳ですか？

「8歳」

――どこにお住まいですか？

「九州」

――好きな食べ物はなんですか？

「らーめんとジャムパン」

――どういうところが好きなんですか？

「らーめんは味が好き、どっちも味」

――いつから好きなんですか？

「4歳」

――覚えてるんですか？

「覚えてない。適当」

――ちゃんと答えてください。

「わかんないんだもん」

――今日楽しかったことはなんですか？

「温泉に行ってバイキングを食べたこと」

——バイキング好きですか？

「うん。いっぱい食材があるからね」

——さいきんどんな遊びをしていますか？

「サッカー」

——「フォートナイト」もやってますよね？

「Ｓｗｉｔｃｈ、ゲームとスポーツ」

——（小さい頃のインタビューについて話したあと）小さいときの話を聞いてどう思いましたか？

「頭イカれてんな（笑）。ガチでヤバい」

——ぜんぶきみですけどね。東京にいたときのこと覚えてる？

「後楽園にいったこととか。ラクーアとか、動物園とか」

——アイスのことは？

「覚えてる。サーティワンおいしかった。いつでもどこでも、サーティワンはおいしいけどね」

——昔は、勉強も仕事もしたくないって言ってたけど、今はなりたいものとかありますか？

「ゲーマーかサッカー選手になりたい」

――ずっとインタビューしてると、一貫してずっと言ってることがあるんだけどわかる？

「わかんない」

――きみ、2歳からアイスがずっと好きなんだよ。

「そりゃアイスはずっとおいしいからね（笑）。アイスは好きだよ」

――これまでの人生、8年ですけど振り返ってみてどうですか？

「楽しかった！」

――ありがとうございました。


……本当ならこのインタビューによって、人間の深いなにかが発見されるはずだったのだが……。

インタビューを通して見えてくるのは、食べ物と、遊びと、人間関係という3つのことばかりだ。結局のところ、人間の幸福と悩みはこれらに集約されるのかも知れない。

とはいえ、これまで書いてきたエッセイの内容を思い出すと、「あれ？　きみもっといろいろ考えてたよね」と言いたくなる部分もある。子供も親もみんな、日々の小さくて些細なことを忘れてしまう。ほんとうは、そこにとても大きな発見がある。

そういえば、ちょっと変わったことといえば、このインタビューのあと、子供は急に過去のことを懐かしがったり、幼いときの自分のことを楽しそうに語るようになり、なぜか「今日からひとりで寝る」と言ってひとり寝するようになった。

思い出や過去のエピソードの積み重ねは、自分を形作っていく大きな要素である——そして、その奥行きの深さや枠によって、人間は自分の輪郭《りんかく》を作り出し、自分自身を大切なものであると感じられるのかも知れない。

あとがき

子供に関する文章をちらほら発表しはじめたのは、３年前くらいだろうか。

それまで、小説以外ではあまり子供のことを書いていなかった。タイトルから察してもらえるように、ぼくは自分が「親」という記号的存在になるのが、すごく気持ち悪かったのだ。

ある日、誰もいないキッチンで料理を作っているとき、ふとわけのわからない虚無感に襲われた。と同時に、多くの母親が口にする、家庭の中で「女」と「母」という二つの役割を押し付けられる苦しみがわかった気がした。個人ではなく型にはまった記号として自分が殺されていく感覚。それは決して女性だけの悩みではない。

この本は基本的には愉快なエッセイだが、親という役割に悩み、違和感を抱き続けている人たちに、密かな共感を持って書かれている。楽しんで役立てていただけたなら幸いである。


と……書いたあとコロナが来ました。みなさん……コロナ環境での子育て大丈夫ですか？苦労は想像を絶するものだと思われますが、そんななか本書を手に取っていただきありがとうございます。なんとか共に生き延び、飲み会をしましょう！

密に！

教えて！　めろん先生
――「パパいや」な彼らのトリセツ

今日もめろん先生のところには、ママ読者からの悩み相談が届きます。そのうちのいくつかをご紹介しましょう。

○お悩みその1　責任感がない夫

夜間の仕事の際は夫に子守りを託しますが、完全放置に近いので、もう頼れないなと思っています。以下、ある日の一例です。

深夜に帰宅してみたら、電気もテレビもつけっぱなしで父子ともにリビングの床の上で爆睡。子供は風呂上がりのまま全裸。季節は晩秋でした。

翌日は学校なので宿題と時間割をさせておいてほしいと頼んでありましたが、当然手つかず。

就寝時間も遅かったようで、翌朝は起こすのに一苦労でした。夫は逃げるように早々に家を出て行きました。

なぜこんなに責任感がないのでしょうか。

○答え　地獄を見せましょう

責任感というのは、「これをやらなかったらヤバいことになる」（略して「これヤバ」）という、危機管理能力から生まれるものです。

あなたは普段から子供の面倒を見ているため、無数の「これヤバ」案件に気づいていますよね。

でも彼はちがいます。

彼の側から見ると、それらは「やらなくてもなんとかなるんじゃね？」案件なんです。

家事を日常的にやっている人は、連続した「線」で考えています。しかし、たまにやる人にとってはその場かぎりの「点」です。見えているものがちがうんです。

とはいえ、彼に責任感がないわけではありません。

責任感がないなら会社に行かないし、仕事もできないし、結婚もしません。そう、なぜか夫は子育てや家庭内のことに関してだけ責任感が抜け落ちる傾向があります（海猫沢総研調べ）。一体どうしてなのでしょうか？

それは、意識の差です。

夫は、家＝休むところ、だと思っています。仕事がオンで、家はオフ。スイッチを切り替えるように意識が勝手に切り替わっています。悪気はないのです。「家でもオンにしろよ！」と思うかも知れませんが、いきなりそれをやると壊れるので、段階を踏みましょう。

まず最低3日くらいワンオペしてもらいましょう。お子さんはおそらく小学生ですよね？　じゃあ子供さんと会話して、なんとかできるはずです。この3日間、あなたはビジネスホテル（費用は夫もち）にでも泊まり、完全放置です。きっと家に帰ったら「なんて無責任なんだ！」と夫が怒っているでしょう。そこから対話を始めましょう。

責任感は立場によってちがうものです。

だから責任感を持ってほしいなら、人をその立場にするしかないのです。

お互いの地獄を交換して見つめあうことでしか、理解は生まれません。

ちなみにウチは、「任せた時点で、子供が死んでさえいなければいいと思っていた」そうです。

○お悩みその2　子供ファーストじゃない夫

飲みに行くのが大好きな夫。私が夜間の仕事の際も隙あらば行こうとします。

帰宅が遅くなるので少なくとも平日はやめてほしいですし、子供も大人の飲み会など退屈なので行きたがりませんが、夫はスマホゲームを餌に子供を連れ出して飲み会参加を決行します。

飲み会の間の2~3時間、子供はゲーム漬けです。就寝も当然遅くなります。

私は平日のプライベート飲み会はもう10年以上行っていません。

なぜ夫は子供ファーストに考えられないのでしょうか。親の自覚がなさ過ぎるのではないでしょうか。

最近は私に言うと必ず反対されることがわかっていて、黙って参加するようになりました。夫婦の断絶は深まるばかりです。

○答え　子供になりましょう

出ました。飲み会問題。ウチもかつてはこれでよく揉めました。パートナーと話し合って、どうすれば腹が立たないのかを聞いたところ、

・飲み会の日は1万円払う。
・ぼくが1回飲み会に行ったら、自分も1回飲み会に行く。

この条件なら腹が立たない、という答えが返ってきました。

もちろんここで1万円払って行くのもいいのですが、そもそもこの条件が何を意味しているのかを考えるのが大切です。さらに深掘りしたところ、彼女は「男女の不平等さ」に腹を立てているのだということがわかりました。その不平等さとは、「女は変わらざるを得ないのに、男は変わらないままでいる」ということです。

変化――これはとても重要なキーワードです。

相談者のあなたは夫に、「親の自覚」を求めていますが、それはきっと、「子供のことを一番に考える大人になれ」ということだと思います。

つまり、「いつまで子供でいるんだよ！　変われ！」ということです。

これは、夫にとって最も避けたいことかも知れません。

なぜなら男性社会において、「変化」は「ブレる」ことと混同されがちだからです。

スポーツや格闘技、アスリートやヤンキー的世界では常に「ブレない」ことが称賛されます。ああいうものに影響されている人は、「絶対に何があっても変わらない」ということに強いこだわりを示します。

あなたの夫は「ブレない」ことが偉いと思っていませんか？

「ブレない」ことと「変化しない」ことはちがいます。そして「変化」して環境に適応できない生物は、いずれ死ぬということを理解してもらいましょう。

しかし、夫の立場になって考えてみると、確かに変わったところでいいことは何もありません。飲み会には行けないし、嫌いだったつまらない大人に近づいていく……。「いや！　いいこととか悪いことじゃねえんだよ！」というのもわかるんですが、ぐっと抑えて、ここは逆に、あなたがもっと子供になるのはどうでしょう。

10年以上プライベートの飲み会に行っていないとのことですが、これはいけません。あなたは大人になりすぎています。

妻が大人になりすぎると、夫はますます子供になります。優秀な人間がひとりいると、仕事がどんどんその人に集中するのと同じです。だからあなたもあえて子供になって飲み会に行きましょう。夫が1回行ったら自分も1回行くのです。

「子供のことを一番に考えないといけない！」という、あなたの意見はすごく立派ですが、ぼくは「子供のことを一番に考えなくてもいいのでは？」と思います。

そもそも、大人が考えた「子供のため」がどの程度役に立ったのか、元子供として、はなはだ疑問です。

あなたはもともとすごく真面目なんだと思うなので、ちょっとくらい子供になったほうが家庭全体のバランスが良くなると思います。一度やってみてください。

ちなみにウチは、今、ふたりとも近くに友人がいないので、飲み会に行けません（九州）。

○お悩みその3　動きが遅い夫

「夕飯おいしかったよ、ありがとう。食器は俺が洗うからね」

これだけ聞くといい夫のようですが、問題は食器を洗うのが遅いことです。19時半に食事を終えて、子供と私はお風呂へ。約1時間後、髪まで乾かし終えてリビングに戻ると、食器はシンクに置かれたまま。水につけてさえありません。夫はげらげら笑いながらお笑い番組鑑賞中。

ぐっとこらえて子供を寝かしつけ、さらに1時間後リビングへ戻ると、やはり食器は放置されたままで、夫は「スプラトゥーン」に夢中。無言で食器を洗い始めると、「俺がやるって言ってるのに、どうして洗うの？　いやがらせ？」と、不機嫌に……。

食器洗いは一例で、どんな家事もこうなんです。取り掛かりが遅くて、呆れた私が先にやると怒る。「夫を育てろ」と先輩方は言いますが、どうすればいいやら途方に暮れています。

○答え　森の妖精になりましょう

あなたの夫は、夏休み最後の日に、たまった宿題をやるタイプではないでしょうか？

それは普通です。だいたいの男子はそういうものです。家事も同じです。夫は最後に帳尻を合わせればいいと思っているので、放置しておきましょう。やると言ったからには、いつかはやってくれます。

任せたら放置して寝る。忘れる。

もし翌朝やってなかったとしても放置。やるまで放置。

これでノンストレスです。

……とはいえ、これではあなたの気が収まらないでしょう。

あなたの頭のなかでは「行動＝私の気持ちを理解」と、セットになっていませんか？

夫が行動しない。ということは「私の気持ちを理解」していない……そう思って傷ついていませんか？

だとしたら、行動ではなく「気持ち」を理解してもらいましょう。

まずは夫になぜ早くやらないといけないのか、それがやられていないとどんな気持ちになるのか説明しましょう。次に、夫の意見も聞いてください。お互いの行動の裏にある意図をすり合わせるのです。常に、「論理的に説明」「褒める」「気長に待つ」「期待しない」ことを心がけてみると良いと思います。

あるいは、夫はゲームがお好きなようですので、こういうのはどうでしょう？

「夕飯おいしかったよ、ありがとう。食器は俺が洗うからね」

「ありがとう！　じゃあ食器洗いミッションの期限は1時間以内だから頑張ってね！　タイマーをつけとくよ。ピピピって鳴ったら終了5分前だからね、スタート！」

森の妖精のような口調で言うと嫌味がなく効果的です。

ちなみにウチは、ド直球に「今すぐ洗ってほしい。私の気分の問題で」と言われます。気分の問題ならしょうがないので洗います。

○お悩みその4　指輪をしない夫

うちの夫は指輪をつけていません。別にそれはいいんです。私もつけてないですし（手湿疹がでやすいので）。

でも、だからこそ、俺は既婚者で子供もいるんだアピールをすべきだと思うんですよ。なのに、夫は外で全く子供の話をしないんです。けっこう子煩悩《こぼんのう》で可愛がってくれているのですが……。

子供がいると話すことで、仕事相手と話題が広がることもあると思うのに、どうして？と疑問です。めろん先生はどう思いますか？

○答え　問い詰めよう

夫にとって、「既婚者で子供いるんだアピール」することはデメリットしかありません。独身の同僚からは「結婚自慢かよ」と思われ、女性からは「既婚者だから圏外」と思われてなにもいいことがありません。

そう、たいていの男は常にあわよくばモテようと思っています（海猫沢総研調べ）。ここで言うモテとは「なんとなくちやほやされる」「誰かからひそかに想いを寄せられる」ことであって、実際にどうのという話ではありません。あくまで心の中の問題です。

「この世界のどこかにいる俺のことを好きな誰かは、指輪なんかを見たらショックを受けてしまう」

と、存在しない人間をつくりあげて、無意味な配慮すらしている可能性があります。

もうすこし詳しく説明しましょう。

世の夫が指輪をしないのは、主に内向きと外向き、ふたつの理由があると考えられます。内向きの理由としては、「俺は縛られていない。結婚前と変わらず自由な人間だ」ということの確認。外向きの理由としては、「あわよくばモテたい」「俺に片思いしている誰かへの配慮」です。この内と外はクラインの壺のようにつながりつつ、複雑にからまっています。なぜそうなっているのかは、ぼくらにもわかりません。放置しておくと、そのうち現実に気づきます。

と、いろいろと書きましたが、相談者さんは心の底で夫に不信感を抱いているのではないでしょうか。指輪をつけていないことが彼にとって、どういう意味を持っているのか、真剣に語り合ってみては？　あなたとの関係を維持するつもりがあるのか、ないのか。問題を先送りするより早めにはっきりさせたほうがいいこともあります。単なる気分でつけてないだけ、という可能性も高いので今夜にでも聞いてみてください。

ちなみにウチは、そもそも指輪を買っていません。邪魔なので。

以上ですが、全部読み返して「ヤベえな」と思いました。

なんで妻ばっかりこんな気をつかっているのか。そして夫はなぜこんなにも鈍感なのだろう。

世の中を公平にしていくため、『パパいや、めろん』は存在しています。

ぜひ夫にも読ませてください。

本書は、ＦＲａＵ　ＷＥＢ連載「パパいや、めろん」（二〇一九年三月〜十二月）と「現代ビジネス」の記事に、加筆修正し書き下ろしを加えたものです。

海猫沢めろん

うみねこざわ・めろん／一九七五年、大阪府生まれ。兵庫県姫路市育ち。高校卒業後、デザイナーやホストなど職を転々とし、文筆業に。東京藝術大学卒業後に医学部受験を始めたパートナーを支え、家事・育児・仕事に奮闘する（パートナーは九年の浪人生活を経て現在医学部生）。カリスマホストがクラウドファンディングを使った子育てに挑戦する『キッズファイヤー・ドットコム』で第五十九回熊日文学賞受賞。ほか著書多数。

パパいや、めろん

男《おとこ》が子育《こそだ》てしてみつけた17の知恵《ちえ》

二〇二〇年六月二十二日　第一刷発行

著者　海猫沢《うみねこざわ》めろん

装丁　UCHIKAWADESIGN Inc.

装画・挿絵　三津キヨ

発行者　渡瀬昌彦

発行所　株式会社講談社
東京都文京区音羽二－一二－二一
郵便番号　一一二－八〇〇一
電話　出版　〇三－五三九五－三五〇四
販売　〇三－五三九五－五八一七
業務　〇三－五三九五－三六一五

印刷所　豊国印刷株式会社

製本所　株式会社国宝社

ISBN978-4-06-519238-2
N.D.C.914 207p 19cm